산과 염기를 찾아요

산과 염기를 찾아요

전화영, 성혜숙 글 정보환 그림

위즈덤하우스

■ 펴내는 글

똑똑 융합과학씨를 소개합니다!

신화부터 예술까지 두루두루 **통하는 과학**

신화나 옛날이야기 좋아하지?
똑똑 융합과학씨는 과학이 발달하기 전에
옛사람들은 자연 현상을 어떻게 생각했을까,
그런 이야기는 어디에 남아 있을까 하는 것이 궁금해.
과학이 역사와 기술, 공학, 수학, 예술 등과 관련되어 있는 것을 발견하면
'아, 이렇게 서로 통하는 거구나' 하는 것을 알게 되어 뿌듯해.
그리고 다음부터는 어떤 것을 보더라도 '이것은 다른 것과 어떻게 통할까,
새롭게 더 생각할 것은 없을까' 하고 두루두루 생각해.

많이 알면 알수록 더 즐길 수 있다! 즐기는 과학

춤추고 노래하는 거 좋아하니? 똑똑 융합과학씨는 음치, 몸치야. 하지만 노래하고
춤추는 걸 좋아해. 누구나 음악과 춤은 배우지 않아도 흥겹게 즐길 수 있으니까.
그런데 음악과 춤을 많이 알면 더 재미있게, 여러 가지 방법으로 즐길 수 있어.
무엇보다 음악과 춤을 즐기지 못하는 다른 친구들에게 가르쳐 줄 수도 있고.
많이 알면 알수록 더 즐길 수 있는 것은 과학도 마찬가지야.

배워서 남 주자! 좋은 건 나누는 과학

공부해서 뭐하지? 똑똑 융합과학씨는 자기 것을 남과 나누거나
도와주는 것을 좋아해. 작은 도움에 고마워하는 사람들을 볼 때마다
기분이 좋고 흐뭇하대. 지식과 지혜도 남과 나눌 수 있어.
배운 것을 가르쳐 주고, 배운 지식을 이용하여 지금 내가 살고 있는 곳이나
가까운 이웃 나라에서 생기는 문제를 해결할 아이디어를 찾아보면 돼.

이제 "똑똑!" 하고 융합과학씨의 문을 두드려 봐.
그리고 문을 열고 들어 가서 이야기에 귀 기울여 봐.

 차례

펴내는 글 4

1. 아주 오래된 식초와 비누 이야기

클레오파트라와 세상에서 가장 비싼 식사 10
식초로 바위를 쪼갠 한니발 장군 13
식초, 가장 오래된 산 16
톡 쏘는 탄산 음료 19
쌉싸름한 소다의 역사 22
소다, 인류의 수명을 연장시키다 25
비누를 만드는 잿물, 그것이 알고 싶다 27
생각이 크는 숲 자연의 색, 천연 염색 30

2. 산과 염기가 뭐지?

이온 때문이야 – 전기를 통하고, 안 통하고 34
산과 염기도 이온이 있다고? 37
산과 염기 구별하기 38
숫자로 나타내는 산성도 41
산은 금속이나 돌을 녹여 43
미끈미끈 쌉싸름한 염기 45
산과 염기가 만나면? – 물이 생겨 48
생각이 크는 숲 세계의 골칫거리, 산성비를 잡아라 52

3. 자연 속의 산과 염기

알록달록 수국의 변신 56
필 때마다 변해 58
무덤가에 피는 할미꽃의 비밀 61
산과 염기로 소통하는 식물 64
개미들의 전투 무기, 개미산 66
생각이 크는 숲 버드나무에서 얻은 해열제, 아스피린 72

4. 우리 몸의 산과 염기

침은 산성일까, 염기성일까? 76
위에 염산이 들어 있다고? 79
산성으로부터 소장을 지켜라 81
온몸을 순환하는 피는 약한 염기성 83
산과 염기를 알면 건강이 보여 87
생각이 크는 숲 배에 뚫린 구멍으로 위 속을 보다 94

5. 산과 염기를 이용해

식초에 빠진 음식 98
쓴맛의 염기, 먹을까 말까 101
비타민 C도 산이다! 103
파마의 유래 106
석회로 만든 시멘트 109
산과 염기로 청소하기 111
생각이 크는 숲 황사가 이롭다? 116

6. 예술로 만나는 산과 염기

프레스코 벽화 다시 보기 120
대리석 작품과 산성비 124
산이 만드는 예술, 에칭 126
뒤집어 보는 금속 건축물 130
생각이 크는 숲 산과 염기를 이용한 예술 작품 복원 134

STEAM 작은 아이디어가 세상을 바꿔요 136
친환경 세제

찾아보기 144

1 아주 오래된 식초와 비누 이야기

클레오파트라 여왕과 한니발 장군은 식초와 무슨 관계가 있을까?
고대 이집트에서도 비누로 목욕했다는데 정말일까?
재미있는 역사 속 산과 염기 이야기를 만나 봐.

옛날이나 지금이나 냉면을 먹을 때는 식초를 넣어야 제맛이지!

클레오파트라와 세상에서 가장 비싼 식사

흔히 역사 속 최고의 미인을 꼽으라면 대부분 이집트의 여왕이었던 클레오파트라를 생각할 거야. 프랑스의 철학자 파스칼은 클레오파트라의 코가 조금만 낮았더라도 세계의 역사가 바뀌었을 거라고 말했어. 하지만 지금까지 전해져 내려오는 클레오파트라의 초상화가 없기에 실제 클레오파트라의 얼굴을 알 수는 없어. 다만 동전에 새겨진 옆모습이나 조각상을 보고 추측할 뿐이야.

기록에는 클레오파트라가 미모보다 지혜가 더 뛰어났고, 교양과 유머가 넘쳐 늘 대화를 주도했으며, 매우 호방해서 웬만한 남자들은 다 매혹되었다고 해.

한번은 클레오파트라가 돈이 많기로 유명한 안토니우스를 하

여러 형태로 전해져 내려오는 클레오파트라의 모습

룻밤에 무려 1만 세스테르티우스(대략 1억 원)의 비용이 드는, 세상에서 가장 호화로운 만찬에 초대했어.

도대체 뭘 먹으면 하룻밤에 그렇게 많은 돈을 쓸 수 있을까? 음식마다 금가루를 뿌리면 1억 원짜리 식사가 될까? 안토니우스는 그런 비싼 연회는 불가능하다고 했어. 그러자 클레오파트라가 내기를 걸었지.

평소처럼 연회가 진행되자 안토니우스는 자신이 내기에 이겼다고 생각했어. 그런데 잠시 뒤, 클레오파트라가 잔에 식초를 담아 가져오게 하더니, 진주 귀걸이 한쪽을 떼어 식초 잔에 넣고 진

안토니우스가 진주를 식초 잔에 넣는 클레오파트라를 지켜보고 있다.

주가 녹자 꿀꺽 마셔 버렸어. 안토니우스는 눈이 튀어나올 만큼 놀랐어. 그 진주 귀걸이는 '달의 눈물'이라고 불리던 당시 세계에서 가장 큰 천연 진주였거든. 그러니까 클레오파트라는 값을 매기기도 어려운 비싼 진주를 식초에 녹여서 마셔 버린 거야.

클레오파트라가 남은 한쪽 귀걸이마저 식초에 넣으려고 하자 안토니우스는 "여왕님, 당신이 이기셨습니다."라고 말하며 내기를 중단시켰어.

진주는 조개가 만들어 내는 멋진 보석으로, 화학적인 주성분은 탄산 칼슘이야. 탄산 칼슘은 석회암, 대리석 같은 암석이나 달걀, 조개껍질, 분필의 주성분이기도 해. 그러니까 진주가 식초에 녹았다는 건 탄산 칼슘이 식초에 녹았다는 뜻이야. 탄산 칼슘이 식초에 녹은 이유는 아주 간단해. 식초 속에 산이 들어 있기 때문이야. 산은 탄산 칼슘을 녹이는 성질을 가지고 있거든. 그러니까 꼭 식초가 아니어도 산이 들어 있는 물질이면 된다는 거지.

클레오파트라는 정말 진주를 녹여서 마셨을까?

클레오파트라의 이야기에 의문을 제기한 사람도 많았다. 달걀 껍질이 식초에 녹는 데 하루 정도 걸리는데, 커다란 진주가 순식간에 녹았다는 게 말이 안 된다는 것이다. 그래서 여러 가지 추측이 나돈다.

1. 진주가 녹기 전에 얼른 식초를 마신 것이다.
    ▶ 그럼 나중에 진주를 다시 찾았다고?
2. 사실은 진주가 아니라 싸구려 분필 같은 것을 녹인 것이다.
    ▶ 사기를 쳤다고?
3. 애당초 없었던 사건인데 후대 역사가들이 지어낸 것이다.
    ▶ 이게 다 거짓이라고?

과연 진실은 무엇일까? 클레오파트라만이 이 진실을 알고 있겠지?

식초로 바위를 쪼갠 한니발 장군

　클레오파트라와 더불어 식초로 유명한 사람이 또 있어. 바로 카르타고라는 나라의 한니발 장군이야. 그는 당시 로마 사람들이 제일 두려워한 사람이었어. 아마 우리나라의 이순신 장군에 버금가는 인물이었던가 봐.
　제2차 포에니 전쟁이 한창이던 기원전 218년, 당시 28세였던 한니발은 10만 대군을 이끌고 겨울에 알프스 산맥을 넘었어. 눈

한니발 조각상　　　한니발과 그의 군대가 알프스 산맥을 넘고 있다.

덮인 알프스 산맥을 넘어간 한니발은 로마의 스키피오 장군과 전투를 벌여 크게 승리를 거두었어. 그 추운 겨울에 알프스 산맥을 넘을 거라고는 짐작조차 하지 못한 상대편 사람들의 허를 찌른 한니발 장군의 기가 막힌 작전 덕분이었지.

하지만 알프스 산맥을 넘어가는 일은 결코 만만한 일이 아니었어. 특히 그들을 괴롭힌 건 자꾸만 나타나는 커다란 바위 덩어리였어. 산맥을 넘느라 기진맥진한 병사들 앞에 나타난 큰 바위 덩어리는 병사들의 사기를 떨어뜨리기에 충분했지.

이때 한니발은 식초를 이용해 위기를 극복했다고 해.

그는 병사들에게 나무를 베어 쪼갠 다음 바위 주변에 쌓고 불을 붙이라고 명령했어. 한참 불이 붙자 바위가 따끈따끈하게 달아올랐지. 그러자 한니발은 병사들에게 갖고 다니던 식초를 한꺼번에 바위에 뿌리라고 말했어. 당시 병사들은 원기 회복을 위해 식초를 가지고 다니면서 마시곤 했거든.

병사들이 식초를 뿌리자 뜨겁게 달아오른 석회암 바위가 큰 소리를 내며 쪼개져 버렸고, 이들은 전진해서 알프스 산맥을 넘을 수 있었어. 아마도 한니발은 그 큰 바위들이 대부분 탄산 칼슘이 주성분인 석회암이라는 걸 알고 있었나 봐.

물론 한니발 이후에도 군대를 이끌고 알프스 산맥을 넘은 사람이 있었어. 그 유명한 나폴레옹도 그중 한 사람이야. 하지만 이들은 여름에 알프스를 넘었고, 한니발은 최초인데다 겨울에 넘었으니 한니발이 한 수 위라고 할 수 있어.

한니발은 다른 사람이 상상도 못한 방법으로 진격해서 로마를 크게 이겼고, 이후 로마 사람들은 한니발 장군을 너무나 두려워해서 아이들이 울 때 "뚝! 계속 울면 한니발이 잡아간다."라고 했을 정도였대.

식초, 가장 오래된 산

인간이 사용한 가장 오래된 산은 아마 식초일 거야. 클레오파트라나 한니발과 얽힌 식초 이야기가 모두 기원전에 있었던 일이고, 그보다 앞선 기원전 5000년경 고대 바빌로니아에서도 대추야자를 이용하여 식초를 만드는 방법을 적은 기록이 있는 걸 보면, 식초의 역사는 적어도 7000년 이상이겠지?

또, 중국이나 이집트에서 발견된 그릇 중에 식초의 흔적이 남아 있는 것들은 연대가 기원전 6000년 전으로 거슬러 올라가는 것들도 있다고 하니 식초의 역사는 대략 1만 년은 된다고 봐야 해.

성경에도 식초에 대한 언급이 나와. 구약 성서에 보면 다음과 같은 구절이 있어.

'포도주와 독주를 멀리하며 포도주로 된 초나 독주로 된 초를 마시지 말며…'

여기에 나오는 '초'가 바로 식초야. 포도주가 더 발효되면 식초가 된다는 걸 알고 있었다는 얘기지.

또한 가난한 룻을 부자인 보아스가 받아들이는 장면에도 식초가 등장해.

'식사할 때에 보아스가 룻에게 이르되 이리로 와서 떡을 먹으며 네 떡 조각을 초에 찍으라 하므로 룻이 곡식 베는 자 곁에 앉으니 그가 볶은 곡식을 주매 룻이 배불리 먹고 남았더라.'

이스라엘 사람들이 먹었던 건 떡이 아니라 빵이었으니 빵을 식초에 찍어 먹으라는 거지. 요즘 우리가 발사믹 식초에 빵을 찍어 먹는 것처럼 말이야.

사람들이 처음 발견한 식초는 우연히 만들어진 식초일 확률이 높아. 포도즙을 발효시키면 포도주가 되고, 이것이 좀 더 발효되면 식초가 되거든. 그러

빵을 식초에 찍어 먹으니 맛있네.

아주 오래된 식초와 비누 이야기　17

니 정확하게 언제부터 사용했는지는 알기가 어려워.

식초가 단순히 새콤한 맛이 나는 조미료로만 사용된 건 아니야.

기원전 400년경, 근대 의학의 아버지로 불리는 히포크라테스는 가벼운 질병이나 기침, 감기 환자들에게 식초에 꿀을 섞어 마시도록 처방했고, 상처를 치료하는 데 식초를 사용하기도 했거든. 그 영향으로 로마 카이사르의 군인들도 식초를 가지고 다니면서 식수에 타서 예방약처럼 마셨다고 해.

식초는 기운을 차릴 수 있게 해 주는 음료로도 사랑 받았어. 일본의 사무라이들이 쌀을 발효시켜 만든 식초를 정기적으로 마셨다거나, 로마 병사들이 식초에 물, 꿀, 허브 등을 넣은 음료를 늘

도둑들의 식초

전염병 페스트가 유럽을 휩쓸었던 14~17세기경 시체나 환자에게서 물건을 훔치던 도둑들이 식초를 이용해 전염병을 피했다고 해서 화제가 된 적이 있다.

그들은 식초에 로즈마리, 세이지 등의 여러 가지 허브와 마늘 같은 것을 담가서 약용 식초를 만들었고, 그것을 늘 마시고 발라서 페스트에 걸리지 않았다고 말했다.

이후 이 방법에 따라 '도둑 식초'라는 이름으로 식초가 만들어졌다.

도둑 식초에 관한 기사가 실린 1849년도 신문

마셨다는 걸 보면 알 수 있지. 그러고 보면 식초는 동서양 할 것 없이 널리 사랑 받은 만병통치약이었나 봐.

톡 쏘는 탄산 음료

신맛을 내는 식초와 더불어 우리 주변에서 제일 흔하게 볼 수 있는 산이 있어. 그게 뭔지 아니?

이 산은 식초와는 달리 신맛이 나지 않아서 산이라고 생각하기 어려울 수도 있어. 보글보글 기포가 올라오고 톡 쏘는 맛과 함께 기분이 상쾌해지는 느낌이 드는 이건 뭘까?

맞아, 탄산이야. 사이다나 콜라, 환타 같은 음료수를 가리켜 탄산 음료라고 하지? 모두 탄산이 들어 있는 음료라는 얘기야.

피자나 치킨, 팝콘 등을 먹을 때면 어김없이 생각나는 탄산 음료는 누가, 어떻게 처음 만들었을까?

1770년경 영국 요크셔 주의 리즈 마을에서는 목사 조지프 프리스틀리에 대한 해괴한 소문이 퍼져 나갔어. 목사가 기도하거나 성경을 읽는 대신, 시간만 나면 이상한 기구들을 가지고 과학 실험을 하는가 하면, 밤에는 남들의 눈을 피해 근처 양조장에 가곤 한다는 소문이었지.

내가 밤마다 양조장에 간 까닭, 궁금해?

프리스틀리(1733~1804)는 성직자이자 과학자이면서 철학자이자 정치가이기도 했던 대단한 인물이다. 산소 기체를 맨 처음 알아낸 것으로 유명하다.

양조장은 곡식을 발효시켜 술을 만드는 곳인데, 목사가 한밤중에 남몰래 양조장을 들락거린다니 여간 이상한 일이 아니었지. 요즘 같았으면 밤마다 남몰래 술집에 가는 목사인 셈이니 말이야.

교인들은 프리스틀리 목사가 밤마다 양조장에서 뭘 하는지 양조장에서 일하는 아이에게 물어봤어.

"대체 목사님은 밤마다 거기서 뭘 하시는 거니?"

"별거 안 하세요. 하시는 일이라고는 양초로 나뭇조각에 불을 붙인 다음 술통에 가까이 대는 것밖에 없어요. 그러다 불이 꺼지면 다시 양초로 불을 붙여 술통으로 가져가는 일을 반복하지요."

그 후로 프리스틀리 목사는 밤마다 몰래 양조장에서 술을 마신다는 누명은 벗게 되었어. 그런데 프리스틀리는 왜 양조장에서 그런 이상한 행동을 반복하고 있었던 걸까?

사실 프리스틀리는 술이 발효될 때 뽀글뽀글 발생하는 기체,

즉 이산화탄소를 관찰하고 그 성질을 알고 싶어 술통 위쪽에 불붙은 나뭇가지를 갖다 대보는 실험을 했던 거야. 실험 결과 그 기체는 공기보다 무거워서 아래쪽으로 가라앉고, 불을 꺼뜨리는 성질이 있다는 걸 알아냈지.

그는 이 기체를 이용해서 당시 의사들이 환자들에게 약으로 처방하던 피어몬트수를 만들어 보기로 했어. 피어몬트수는 거품을 내뿜는 약수로 오늘날로 따지면 천연 광천 탄산수야.

프리스틀리는 컵을 두 개 준비했어. 하나는 발효하는 술 가까이에 두고, 하나는 물을 채워 높이 들어 올린 다음 아래에 놓인 컵으로 물을 쭈욱 붓는 작업을 여러 번 반복했어.

눈에 보이진 않지만 술 위쪽에는 이산화탄소가 고여 있으니 물이 거길 통과하는 동안 점차 이산화탄소가 녹아들었겠지? 그렇게 피

탄산 음료의 대표 주자, 콜라

1886년 약사 펨버튼이 처음으로 만들어 대중화시킨 콜라는 초기에는 콜라 열매에서 얻은 카페인, 코카인, 바닐라 향 등의 성분으로 만들어졌다. 하지만 오늘날에는 코카인 대신 캐러멜 색소, 인산, 당분 등을 넣어 제조한다. 선풍적인 인기를 얻은 콜라는 지금도 엄청나게 팔려 나가고 있지만, 건강에 좋지 않다는 점이 드러나면서 점차 학교 매점 등에서 퇴출되고 있다.

어몬트수와 거의 비슷하게 기포가 솟아오르는 탄산수가 만들어졌어. 프리스틀리는 그 물을 맛보고 말했지.

"음, 상쾌해. 언젠가는 이 음료가 사람들의 기분을 상쾌하게 만들겠군. 나는 이 음료를 최초로 마셔 본 사람이고. 음하하하하."

오늘날 사이다, 콜라가 얼마나 많이 팔리는지 생각해 보면 프리스틀리는 훌륭한 예언가였나 봐.

쌉싸름한 소다의 역사

식초가 산의 대표 주자라면, 염기의 대표 주자는 아마도 소다가 아닐까? 지금부터는 산의 파트너인 염기를 소개할게.

산은 신맛이 나고 염기는 쓴맛이 난다고 해. 하지만 탄산이 딱히 신맛이 나지 않듯이 염기 중에서도 쓴맛이 나지 않는 것들이 많아. 그러니 산인지 염기인지 알아보겠다고 무작정 맛을 보는 일은 절대 하지 마!

식초가 엄청 오래 전부터 사용되어 온 것처럼 소다도 오랫동안 우리와 함께 있었어.

기원전 3500년경 고대 이집트에서는 나트론이라는 걸 비누와 비슷한 세정제로 사용했는데, 이 나트론의 주성분이 소다야.

나트론은 흔히 마른 강이나 호수 바닥에서 드러나는데, 아마

동아프리카에 위치한 나트론 호수. 소다가 많이 침전되어 강한 염기성과 붉은색을 띤다.

아주 오래된 식초와 비누 이야기

베이킹 소다는 친환경 세제로 많이 쓰인다.

이집트에서는 나일 강 같은 곳에서 얻을 수 있었을 거야. 강 바닥에서 얻은 나트론은 수천 년 동안 집 청소를 하거나 몸을 씻을 때 비누로 사용되었다고 해. 또 가벼운 상처를 치료하거나 고기나 생선을 말려서 보관하는 데도 쓰였어. 이렇게 쓰였던 건 나트론에 습기를 흡수하는 성질이 있기 때문이야. 나트론이 습기를 흡수하면 염기성이 증가하여 세균이 번식하는 걸 막아 주는 효과가 있거든.

소다는 나트륨 성분을 포함하고 있는 여러 종류의 물질을 통틀어 가리키는 말이야. 가장 대표적인 것이 탄산 나트륨(Na_2CO_3)과 탄산수소 나트륨($NaHCO_3$)이야. 과일이나 채소를 씻을 때 사용하는 베이킹 소다는 탄산수소 나트륨이고, 빨래할 때 세제와 함께 넣는 세탁용 소다는 탄산 나트륨이야. 소다는 합성 세제와 달리 환경을 오염시키지 않고 사람의 몸에도 해롭지 않아서 친환경 세제로 많이 쓰여.

소다, 인류의 수명을 연장시키다

세탁용 소다인 탄산 나트륨은 오늘날에는 정말 흔하지만 소다를 만들어 내지 못했던 시절에는 아주 귀한 물질이었어. 왜냐하면 소다가 유리나 비누를 만드는 원료였거든. 소다가 나지 않는 나라에서는 비누나 유리를 대량 생산할 수가 없었지.

프랑스도 소다가 나지 않는 나라 중 하나였어. 그래서 프랑스에서는 늘 스페인으로부터 탄산 나트륨을 수입해 사용했지. 그런데 전쟁이 나면서 수입을 못하게 되었어. 다급해진 프랑스에서는 상금을 걸고 소다 만드는 방법을 공모했어. 가격이 싼 소금을 이용해서 소다를 만들어 내는 방법을 찾는 사람에게 큰 상금을 걸었던 거지. 화학에 관심이 있고, 능력이 있는 사람들은 모두 여기에 덤벼들었어. 하지만 쉽지 않았어. 한참 시간이 지난 후에야

르블랑이라는 사람이 방법을 찾아서 당선되었지.

르블랑은 귀족인 오를레앙 공 밑에서 근무하던 의사이자 화학자였어. 그가 소금을 이용해 소다를 만들어 내는 데 성공하자, 오를레앙 공은 소다를 대량 생산할 수 있는 공장을 지어 주었어.

그런데 마침 그때 프랑스 대혁명이 일어났어. 귀족 오를레앙 공은 처형당하고, 소다 공장은 귀족의 재산이라는 이유로 혁명 정부에 몰수되었어. 소다 제조법과 특허마저도 국가에 빼앗긴 르블랑은 결국 파산했고, 절망한 끝에 자살을 하고 말았어.

르블랑이 찾아낸 소다 제조법(르블랑법)은 영국에 전해져서 유리, 비누 산업이 크게 발전하는 계기가 되었어. 또 귀중품, 의약품으로 취급되던 비누가 값싸게 보급되면서 많은 사람들이 비누로 손을 씻을 수 있게 되었지.

프랑스 화학자 니콜라 르블랑(1742~1806)은 1790년 소금에서 탄산 나트륨을 만들어 내는 방법을 알아냈다.

손만 깨끗이 씻어도 얼마나 많은 질병을 예방할 수 있는지 알고 있을 거야. 비누 덕분에 유럽 사람들의 수명이 늘어났다고 하니, 르블랑은 정말 대단한 일을 한 셈이야.

비누를 만드는 잿물, 그것이 알고 싶다

잿물이란 나무나 해초를 태운 재를 물에 녹인 걸 말해. 대개 강한 염기성을 띠고 있지. 우리나라에선 비누가 나오기 전에는 빨래를 할 때 잿물을 많이 썼어. 아궁이나 화로에서 나온 재에 물을 부은 뒤 가만히 두었다가 윗물만 따라서 빨래에 썼던 거야.

잿물 만드는 방법

① 빈 시루를 준비한다.　② 볏짚을 깐다.　③ 재를 채운다.　④ 물을 부어 잿물을 만든다.

그런데 조선 말기에 가성 소다(수산화 나트륨)가 들어오고부터 잿물 대신 가성 소다를 빨래에 사용하기 시작했어. 서양에서 온

비누를 사용하는 이집트인들을 그린 벽화이다.

잿물이라고 해서 가성 소다를 '양잿물'이라고 했지.

양잿물은 매우 강한 염기성을 띠고 있어서 피부에 닿거나 마시면 목숨을 잃을 수도 있는 독극물이니 절대 조심해야 해.

양잿물은 그 자체로도 쓰지만, 먼 옛날부터 비누를 만드는 데 사용해 왔어. 기원전 2800년경의 고대 바빌로니아 점토판에는 비누가 물, 알칼리, 기름으로 만들어진다는 내용이 적혀 있어. 또 기원전 1550년경 이집트의 파피루스에도 이집트 사람들이 정기적으로 목욕을 했는데, 기름을 알칼리와 섞어서 비누 비슷한 걸 만들었다고 적혀 있어. 여기에 나오는 알칼리가 바로 염기성을 띠는 양잿물을 뜻해.

비누를 만들지 않고 양잿물만으로 도 빨래를 할 수 있어. 옷에 묻어 있는 기름때와 양잿물이 반응하 면 빨래하는 동안 비누가 만들 어져서 그걸로 빨래가 되는 거 지. 하지만 양잿물이 워낙 염기성 이 강해 피부에 닿으면 위험할 수 있으

양잿물의 주성분인 수산화 나트륨 알갱이

니, 비누를 만들어 쓰는 것이 더 안전하고 편리해. 또 양잿물은 단백질로 만들어진 섬유, 예를 들어 실크나 울 같은 고급 섬유는 망가뜨릴 수 있으니 주의해서 사용해야 해.

비누(soap)의 어원

비누soap라는 단어는 로마의 사포Sapo 산에서 유래했다고 한다. 당시 사포 산에서는 동물을 제물로 바치곤 했다. 이때 사체에서 흘 러나온 기름이 제단에 피웠던 불이 꺼지면서 만들어진 재와 섞였는 데, 그것이 빗물에 쓸려 산 아래로 흘러 내려와 비누가 되었다. 그 래서 라틴어 sapo에서 영어 soap라는 단어가 생겨났다고 한다. 하 지만 로마의 역사가 플리니우스는 로마인들이 아니라 프랑스나 독 일 사람들이 비누를 발명했다고 기록했다. 사실이 어찌되었건 서기 200년경에는 로마인들이 목욕할 때 비누를 쓰고 있었다고 한다.

생각이 크는 숲

자연의 색, 천연 염색

쪽빛으로 염색했어요!

우리나라의 전통 염색법은 매우 친환경적이다. 화학 염료를 이용하지 않고 식물 등으로부터 염료를 채취해서 옷감에 물을 들이는 방식이기 때문이다.

여러 가지 색소가 있지만 그중 가장 유명한 것은 파란색을 띠는 쪽 염색이다. 눈이 시리도록 파란 하늘을 가리킬 때 쪽빛 하늘이라고 하는데, 이때의 쪽도 바로 쪽 염색에서 나온 말이다.

대표적인 습지 식물인 쪽은 전남 나주 지역에서 많이 재배되며, 3월에 씨를 뿌려 여름에 수확한다.

수확한 쪽은 염료의 색소가 추출될 때까지 2~3일 정도 발효시키는데, 발효가 끝나면 풀은 버리고 색소가 추출된 물에 염기성을 띠는 석회와 잿물을 섞어 쪽물을 만든다.

한해살이풀인 쪽의 잎은 파란색 염료로, 줄기와 씨는 해열제나 해독제로 쓰인다.

이 쪽물과 양잿물을 섞은 다음 옷감을 넣고 주물러 주면 염색이 된다. 이때 양잿물을 섞는 건 양잿물이 매염제 역할을 하기 때문이다.

염료와 옷감이 서로 잘 달라붙도록 중매해 주는 물질을 매염제라고 하는데, 전통 쪽 염색에서는 양잿물을 매염제로 사용해 왔다. 매염이 잘 되면 옷

쪽물을 이용하여 염색하는 과정

① 쪽을 베어 큰 통 안에 차곡차곡 채운다.
② 돌로 눌러주고 물을 채운다.
③ 2~3일 정도 발효시킨 뒤 쪽대를 건져 낸다.

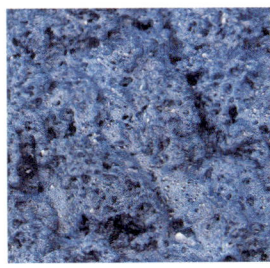

④ 염기성을 띠는 석회와 잿물을 섞는다.
⑤ 쪽물에 옷감을 넣고 주물러 준다.
⑥ 염색한 천을 공기 중으로 꺼내 말린다.

을 계속 빨아도 색소가 빠져나오지 않는다.

　매염제를 써서 색소가 잘 달라붙게 하는 건 봉숭아 물 들일 때도 쓰이는 방법이다. 봉숭아 물 들일 때는 백반이 매염제 역할을 하는데, 만약 백반을 섞지 않으면 색이 연하게 들거나 잘 빠진다. 백반은 양잿물과는 달리 산성을 띠고 있지만 하는 역할은 똑같다.

　천연 염색은 아름다운 것은 물론이고, 항균 작용도 뛰어나고, 아토피 같은 피부병에도 효과가 있는 것으로 알려져 있다.

　혹시 아토피로 고생하고 있다면 천연 염색 옷을 입어 보는 건 어떨까?

2 산과 염기가 뭐지?

식초부터 시작해서 탄산, 소다 그리고 양잿물까지…….
역사 속의 대표적인 산과 염기 잘 살펴봤지?
그런데 왜 식초와 탄산은 산이고, 소다와 양잿물은 염기인 걸까?
산과 염기가 어떤 차이가 있는지,
왜 그런 차이가 생기는지 알아볼까?

우유는 산성일까, 염기성일까?

이온 때문이야 - 전기를 통하고, 안 통하고

식초, 탄산, 소다, 양잿물 같은 건 오래 전부터 우리 주변에 있었던 거지만, 그걸 산이나 염기라는 이름으로 분류하기 시작한 건 그리 오래 되지 않았어. 왜냐하면 이 물질들의 공통점을 알아낸 지 그리 오래되지 않았기 때문이야.

식초나 탄산 같은 것들의 공통점이 무엇인지 알려면 이 물질들의 정체가 무엇이고, 물에 녹아서 어떻게 되는지를 알아야 하는데, 눈에 보이지 않기 때문에 그걸 알아내기가 참 어려웠던 거지. 그러고 보면 눈에 보이지도 않는 걸 알아낸 사람들은 참 대단해.

산과 염기의 정체가 드러나기 시작한 건 산성 또는 염기성을 띤 용액에 전기를 통해 보면서부터야. 어떤 물질이 산성 또는 염기성을 띠려면 대개는 물에 녹아 있어야 해. 식초나 탄산처럼 애초에 액체 상태인 것들은 상관없지만, 소다나 재처럼 물에 녹였

산과 염기의 어원

산(acid)과 염기(base)란 말은 어떻게 생겨났을까? 산(acid)은 대부분 신맛을 내서 '시다(acidus)'라는 라틴어에서 유래되었고, 염기(base)는 소금과 같은 염을 만들어 내는 성질이 있어서 염을 만들어 내는 '기초(basis)'가 된다는 뜻의 그리스어에서 유래되었다.

을 때 비로소 염기성을 띠게 되는 것들이 있거든.

식초와 양잿물에 전기를 통하면 어떻게 될까? 산성을 띠는 식초와 염기성을 띠는 양잿물에 전기를 통하면 둘 다 전류가 흘러.

오른쪽 그림을 한번 살펴봐. 용액 속에 담겨 있는 까만색 전극이 서로 떨어져 있는 거 보이지? 전기가 통하려면 전극과 전극 사이가 연결되어 있어야 하는데 어떻게 저렇게 떨어져 있는데도 전구에 불이 켜지는 걸까? 그건 눈에 보이지 않는 뭔가가 전극 사이를 이어 주고 있기 때문이야.

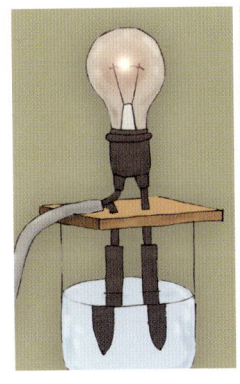 

식초에 전기를 통했을 때   양잿물에 전기를 통했을 때

어떤 물질을 물에 녹였을 때 전기가 통하는 게 있고, 그렇지 않은 게 있어. 제일 대표적인 게 소금과 설탕이지. 소금물은 전기가 통하지만, 설탕물은 전기가 안 통하거든.

소금물에 전기를 통했을 때   설탕물에 전기를 통했을 때

예전부터 과학자들은 왜 이런 차이가 생기는지 무척 궁금해 했는데, 아레니우스가 이 현상에 대한 놀라운 이론을 주장했어.

소금물이 전기를 통하려면 소금이 물에 녹으면서 전기를 통하게 해 주는 뭔가로 변해야 하는데, 아레니우스는 그것이 이온이라고 생각한 거지.

물도 소금도 전기가 안 통하는데 소금물은 왜 전기가 통하는 걸까?

스웨덴의 화학자
스반테 아레니우스(1859~1927)

소금물이 전기를 통하려면 그 안에 (+)극과 (−)극으로 이동할 수 있는 이온이 있어야 한다고 생각해서 소금을 물에 녹이면 양이온과 음이온으로 갈라진다는 주장을 하게 되었던 거야. 전기 에너지 없이도 말이지.

당시 교수들은 아레니우스의 주장에 코웃음을 쳤어. 하지만 시간이 지나면서 아레니우스의 주장이 맞다는 것이 밝혀졌고, 이후 아레니우스는 노벨 화학상을 받았어. 주변 사람들로부터 "설마 정말로 비커 안에 나트륨 이온들이 헤엄치고 있다고 믿는 거요?"라는 조롱에 시달린 지 20여 년이 흐른 뒤에 말이야.

산과 염기도 이온이 있다고?

식초와 양잿물이 전기를 통한다는 건 산성과 염기성 용액도 소금물과 마찬가지로 이온을 포함하고 있다는 말이야. 그러니까 전기를 통해 주었을 때 이온들이 (+)극과 (-)극으로 이동하면서 양쪽 극을 이어 주어서 전류가 흐를 수 있는 거지.

아레니우스의 정의에 따르면 산과 염기는 모두 물에 녹아서 이온을 만들어 내. 단, 만들어 내는 이온의 종류는 달라.

염기에 흐르는 전기의 힘을 보라!

수소 이온, 산에 전기가 통하도록 출동!

산은 물에 녹으면 수소 이온을 만들어 내고, 염기는 물에 녹으면 수산화 이온을 만들어 내. 둘 다 이온을 만들어 내니 전기가 통하는 거지. 하지만 같은 산이라고 해서 모두 다 같은 양의 수소 이온을 내놓는 건 아니야. 그건 염기 또한 마찬가지야.

식초와 양잿물에 전기를 통한 그림을 자

산과 염기가 뭐지? 37

세히 들여다보면 양쪽 불의 밝기가 서로 다르다는 걸 알 수 있을 거야.

식초 쪽의 불빛보다 양잿물 쪽의 불빛이 더 밝은 이유는 뭘까? 그건 이온의 수가 다르기 때문이야. 전기를 통하게 해 주는 이온이 많으면 전류가 많이 흘러서 불빛이 밝고, 이온이 적으면 전류가 적게 흘러서 불빛이 약한 거야.

이렇게 산과 염기에도 세기가 있어. 이온이 많으면 강산 또는 강염기라고 하고, 이온이 적으면 약산 또는 약염기라고 해. 즉, 양잿물은 이온이 많으니까 강염기이고, 식초는 이온이 적으니까 약산이야. 이온이 많은 강산과 강염기는 위험하니 무척 조심해야 돼.

산과 염기 구별하기

산과 염기가 특별한 이온을 내놓는 물질이고, 그래서 전기가 통한다는 건 이제 잘 알겠지? 그런데 전기가 통한다는 것만으로는 그게 산인지 염기인지 구별할 수가 없어. 수소 이온이나 수산화 이온이 눈에 보이는 건 아니니까 말이야. 그래서 우리에겐 이 이온들과 반응하는 눈에 보이는 무엇인가가 필요해. 그래야 그걸 보고 산성인지 염기성인지 구별할 수 있을 테니까 말이야.

산성과 염기성을 확인할 수 있는 제일 쉬운 방법은 지시약을 쓰는 거야. 지시약은 용액의 산성도에 따라 색깔이 달라지기 때문에 산성인지 염기성인지 우리 눈으로 쉽게 확인할 수 있거든. 위 사진에 보이는 게 지시약 종이인데 보통 pH 종이라고 해. 이 종이에 용액을 떨어뜨리면 색깔이 변하는데, 이 색깔을 보면 용액의 산성도를 대략 알아낼

pH 종이에 떨어뜨린 용액이 산성이면 붉은색, 중성이면 녹색, 염기성이면 파란색이나 보라색 계열로 색이 변한다.

이끼와 꽃에서 추출한 즙이 지시약이 되었다고?

영국의 한 화학자가 실험실에서 황산을 만드는 실험을 하고 있었는데, 실험 도중에 약간의 연기가 발생했다. 그 연기는 실험실 한켠에 있던 바이올렛 꽃다발 쪽으로 퍼져 나갔다. 과학자는 연기에 그을린 꽃잎을 씻으려고 물에 담갔다. 그런데 얼마 뒤에 보니 보라색이었던 바이올렛 꽃이 빨간색으로 변해 있었다. 과학자는 깜짝 놀라서 바이올렛 꽃에 다른 산성 용액을 떨어뜨려 보았다. 그랬더니 역시나 또 빨갛게 변했다.

이를 본 과학자는 용액이 산성을 띠는지 알아보는 데 바이올렛 꽃을 사용하면 되겠다고 생각했다. 그리고 다른 꽃이나 식물로도 실험을 해 보았는데, 리트머스이끼를 비롯한 여러 식물들이 천연 지시약 성분을 갖고 있다는 걸 알게 되었다.

바이올렛

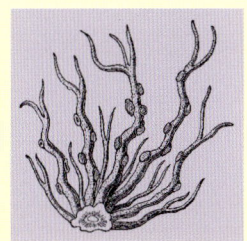

리트머스이끼

수 있어.

제일 간단하고 사용이 편리한 지시약은 리트머스 종이야. 리트머스이끼즙을 산성과 염기성으로 만든 뒤 그걸 종이에 발라 말린 거야. 리트머스이끼즙은 산성에서는 붉게, 염기성에서는 파랗게 변하는 성질이 있어. 그래서 붉은색 리트머스 종이를 염기성 용액에 담그면 파랗게 변하고, 푸른색 리트머스 종이를 산성 용액에 담그면 붉게 변해.

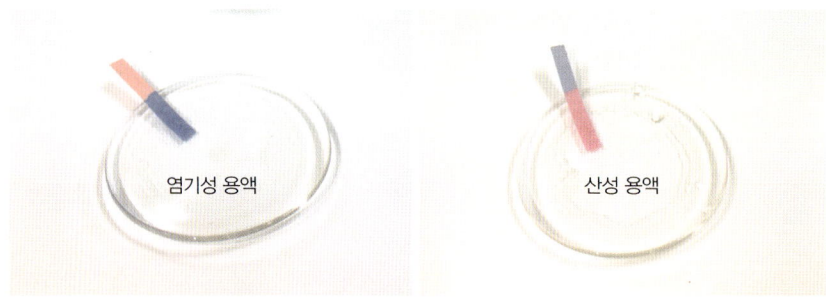

붉은색 리트머스 종이   푸른색 리트머스 종이

페놀프탈레인 용액   BTB 용액

리트머스 종이 말고도 페놀프탈레인 용액이나 BTB 용액 같은 몇 가지 유명한 지시약들이 있어. 페놀프탈레인 용액은 산성이면 무색으로 염기성이면 붉은색으로 변하고, BTB 용액은 산성이면 노란색으로 염기성이면 파란색으로 변해.

숫자로 나타내는 산성도

지금까지 우리는 산과 염기의 종류를 약산, 강산, 약염기, 강염기 이렇게 네 종류 정도로 분류해 왔어. 하지만 같은 약산이라도 조금 약한 약산이 있고, 더 많이 약한 약산도 있다 보니 정확하게 산성도를 표현하기가 어려웠어. 이때 한 과학자가 용액의 산성도를 숫자로 나타내 쉽고 정확하게 표시했으면 좋겠다고 생각했어.

자, 그럼 어떻게 하면 용액의 산성도를 숫자로 나타낼 수 있는지 알아볼까?

산은 물에 녹으면 수소 이온을 내놓는 물질이라고 했어. 그리고 수소 이온을 얼마나 내놓느냐에 따라 약산 또는 강산으로 구분한다고 했고. 그럼 수소 이온의 양을 숫자로 나타내면 산의 세기를 나타낼 수 있겠지?

pH는 내가 처음으로 생각해 냈어.

덴마크의 생화학자 쇠렌센(1868~1939)

맨 처음 산성도를 숫자로 나타내 보려고 했던 사람은 덴마크의 생화학자 쇠렌센이야. 그는 용액 속에 들어 있는 수소 이온의 농도를 몇 가지 수학적인 방법을 이용해서 간단한 숫자로 바꾸었어. 그리고 그 숫자를 pH라고 불렀어. pH 값이 1만큼 변할 때마다 수소 이온 농도가 10배씩 변해.

수소 이온 농도와 pH 계산

중성인 물은 pH가 7이다. 여기에서 수소 이온의 양이 10배 만큼 늘어나면 숫자가 1만큼 줄어들어 pH 6이 된다. 수소 이온의 양이 늘었는데 숫자는 왜 줄어들까? 그건 처음 산성도를 숫자로 나타낸 생화학자가 썼던 수학적 방법 때문이다. pH 5는 pH 6보다 수소 이온 농도가 10배 많은 것을 뜻한다. 그리고 pH 7보다는 10배의 10배이므로 100배 많은 것을 뜻한다. 반대로 pH 8은 pH 7보다 숫자가 1만큼 커졌으므로 수소 이온 농도가 10배 줄어든 것을 뜻한다. 이렇게 수학을 이용하여 산성도를 더 자세하고 정확하게 표현할 수 있게 되었다.

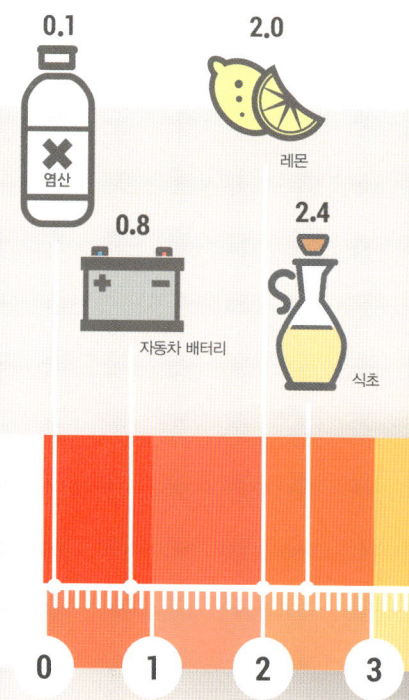

산은 금속이나 돌을 녹여

지금까지 살펴본 산은 우리가 자주 접하고 먹는 식초나 탄산이었어. 정확하게 말하면 식초 자체가 산이 아니라 식초 속에 들어 있는 아세트산이 산이지만 말이야. 하지만 우리가 먹을 수 있는 것보다 먹지 못하는 산이 훨씬 더 많아. 그리고 그중에는 매우 중요한 것들이 많지.

제일 유명한 건 염산, 황산, 질산이야.

산의 가장 큰 특징은 금속을 녹인다는 거야. 물론 모든 금속을

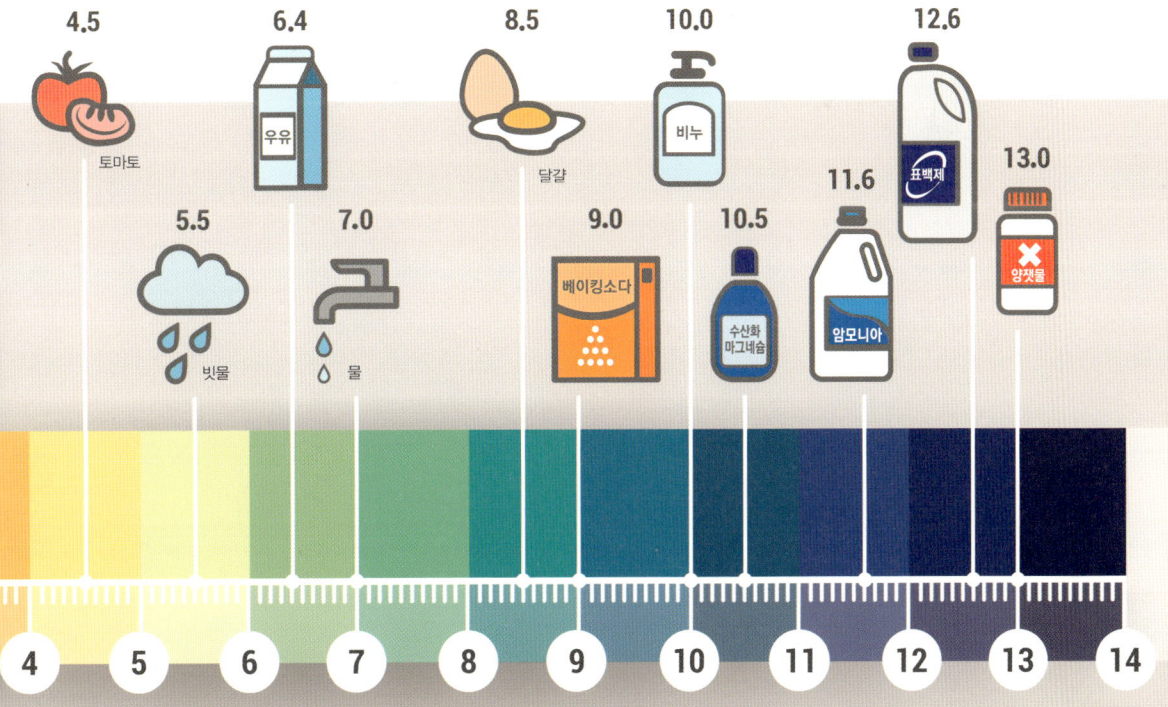

다 녹이는 건 아니야. 금, 은, 백금, 구리 같은 귀금속은 산에 녹지 않아. 하지만 우리가 제일 많이 사용하는 철, 알루미늄, 마그네슘 같은 금속은 산에 녹아. 이런 금속들이 산에 녹을 때 수소 기체가 발생해.

산은 돌도 녹일 수 있어. 물론 모든 돌이 아니라 탄산 칼슘이 주성분인 석회암이나 대리석 같은 돌을 말해. 클레오파트라의 진주랑 한니발의 식초 사건 기억나니? 진주나 석회암이 다 탄산 칼

문화재를 유리탑 안에 넣은 까닭은?

대리석을 녹이는 산은 문화유산 보호를 어렵게 만든다. 이는 1935년에 세워진 조지 워싱턴 상이 약 60년 후 어떻게 변했는지를 보여 주는 아래 사진에서 금방 알 수 있다. 이게 다 산성비 때문인데 이런 일은 전 세계적으로 일어나고 있다. 우리나라도 예외가 아니라서 대리석으로 만들어진 국보 2호 원각사지 십층 석탑을 유리탑 안에 넣어 보관하고 있다.

산성비 피해를 입기 전(왼쪽)과 후(오른쪽)   유리탑 속의 원각사지 십층 석탑

슘이어서 산성인 식초에 녹았던 거였잖아. 단단하기 그지없는 금속이나 돌을 녹일 수 있는 산, 위험하고 좀 무서운 물질이라는 생각이 들지 않니?

미끈미끈 쌉싸름한 염기

금속이나 돌을 녹이는 산보다 더 무서울 수도 있는 게 염기야. 왜냐하면 염기는 단백질을 녹이거든. 사람 몸이 단백질 덩어리이니 더 치명적일 수도 있는 거지. 강염기성인 양잿물이 몸에 해롭고 위험하다고 하는 이유도 바로 그거야.

수산화 나트륨 같은 염기를 조금만 물에 녹인 다음에 손가락을 살짝 담갔다 꺼내서 문질러 보면 미끈미끈한 느낌이 들어. 그 이유가 뭘까? 염기가 단백질을 녹인다고 했잖아. 그러니까 염기인 수산화 나트륨에 손가락의 피부 단백질이 살짝 녹아서 그렇게 되는 거야.

알고 보니 염기라는 게 좀 무섭기도 하지? 하지만 염기의 이런 성질을 잘 이용해 매우 쓸모 있게 만든 제품들이 있어.

욕실의 세면대나 하수구가 막히는 가장 큰 원인은 바로 머리카락이야. 온 식구가 매일 머리를 감을 때마다 빠지는 머리카락의 양

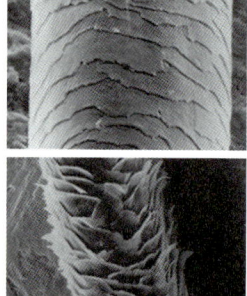

막힌 세면대나 하수구를 뚫어 주는 세제의
주성분은 수산화 나트륨이다.

건강한 모발(위)과
손상된 모발(아래)

을 생각해 보면 짐작이 될 거야. 그럴 때 주성분이 염기의 대표 주자 수산화 나트륨인 세제를 사용하면 금세 막힌 걸 뚫을 수 있어. 머리카락은 케라틴이라는 단백질로 이루어져 있어서 염기에 잘 녹거든. 파마나 염색을 할 때 머리카락이 손상되는 이유도 파마약이나 염색약이 염기성이기 때문이야. 그러니 파마나 염색을 자주 하면 머리카락이 상할 수밖에 없어.

산이 신맛으로 대표된다면, 염기는 쓴맛으로 대표돼. 맛을 볼 수 있냐고? 물론 맛을 봐서는 안 돼. 하지만 약한 염기 중에 우리가 먹을 수 있는 것이 있는데, 그게 바로 베이킹 소다

뽑기에는 염기성 소다가 들어 있어
쌉싸름한 맛이 난다.

염기와 알칼리, 같을까 다를까?

사람들은 산의 반대말로 염기보다는 알칼리를 더 흔하게 쓴다. 산성 체질보다 알칼리 체질이 더 좋다고 하거나, 몸에 좋은 알칼리수를 만들어 마시자는 등 말이다. 그런데 염기와 알칼리, 어느 게 맞는 말일까? 정확하게 말하면 알칼리는 염기의 일종인데, 염기 중에서 물에 잘 녹는 수산화 나트륨, 수산화 칼륨 같은 염기를 알칼리라고 한다. 그러니까 석회수를 만드는 수산화 칼슘 같은 것은 염기이긴 하지만 물에 녹지 않으니까 알칼리는 아닌 것이다.

운동 후에 마시는 알칼리성 이온 음료는 사실 산성이다. 나트륨 이온이나 칼륨 이온이 들어 있지만, 맛을 내기 위한 산성 성분도 많이 들어 있기 때문이다.

산토끼의 반대말 하면 보통 집토끼라고들 하는데, 대학 전공에 따라 다르게 말하기도 한다. 생물과는 죽은 토끼, 경제학과는 판 토끼, 지리학과에서는 바다 토끼라고 말이야. 그럼 화학과에서는 뭐라고 할까? 푸하하, 알칼리 토끼라고 한대!

라고도 하는 탄산수소 나트륨이야. 보통 소다라고 불러.

소다를 언제 먹냐고? 뽑기 만들 때 소다를 넣잖아. 국자에 설탕을 넣고 잘 녹인 다음에 소다를 살짝 찍어서 넣으면 녹은 설탕이 부풀어 오르면서 먹음직스러운 색깔로 변해. 이때 소다, 즉 탄산수소 나트륨이 분해되면서 씁싸름한 맛을 내는 염기인 탄산 나트륨이 생기는데, 뽑기의 맛이 약간 씁싸름한 건 이 때문이야.

산과 염기가 만나면? - 물이 생겨

쇠와 돌을 녹이는 무서운 산과 단백질을 녹이는 무서운 염기가 만나면 어떻게 될까? 놀랍게도 아주 순한 양같이 물이 되어 버려.

우리는 이럴 때 산과 염기가 만나서 중화되었다고 말해. 대체 무슨 일이 일어나기에 물이 만들어지는 걸까?

산은 수소 이온을 내놓는 물질이고, 염기는 수산화 이온을 내놓는 물질이야. 그럼 산과 염기가 만나면 수소 이온과 수산화 이온이 만나겠지? 바로 여기에서 물이 생기는 거야.

산의 특징을 나타내는 수소 이온, 염기의 특징을 나타내는 수산화 이온이 만나 모두 물로 변해 버리고 나면, 이제 더 이상은 산도 아니고 염기도 아닌 거야. 물의 pH는 7로 중성이기 때문에

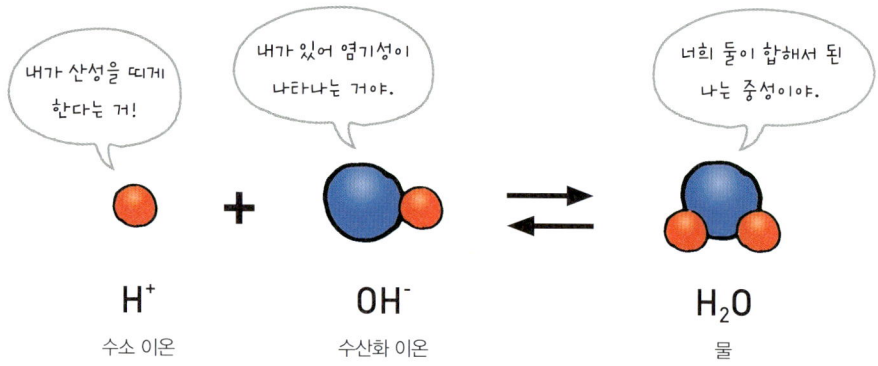

BTB 용액을 넣었을 때 노란색을 띠는 산성 용액에 일정량의 염기성 용액을 투입하면 중화되어 초록색을 띤다.

이 반응을 중화 반응이라고 해. 중성으로 되었다는 뜻이지.

중화 반응이 일어났다는 건 어떻게 알 수 있을까? 지시약을 쓰면 바로 알 수 있어. 산성 용액에 BTB 용액을 넣으면 노란색을 띠는데, 거기에 염기 용액을 계속 넣으면 중화 반응이 일어나 중성이 되어 녹색으로 변해.

비린내 잡는 중화 반응

산과 염기가 만나는 중화 반응은 우리 주변에서 제법 많이 이용되고 있다. 그중 하나가 생선 비린내 없애는 방법이다. 비린내의 주성분은 약염기성을 띠는 물질인데, 여기에 산성을 띠는 레몬즙을 떨어뜨려서 중화시켜 주는 것이다. 레몬즙에는 구연산이 들어 있다.

생선회나 생선구이를 먹을 때 레몬즙을 뿌리면 생선 비린내를 없앨 수 있다.

1. 산과 염기의 성질

산	염기
물에 녹았을 때 수소 이온을 낸다.	물에 녹았을 때 수산화 이온을 낸다.
염기와 만나 중화 반응을 한다.	산과 만나 중화 반응을 일으킨다.
주로 신맛을 낸다.	주로 쓴맛이 난다.
금속을 부식시킨다.(금과 은은 예외)	단백질을 분해시켜서 만지면 미끈거린다.
푸른색 리트머스 종이를 붉은색으로 바꾼다.	붉은색 리트머스 종이를 푸른색으로 바꾼다.

2. 산과 염기 구별하기

용액이 산성인지 염기성인지는 리트머스 종이, BTB 용액이나 페놀프탈레인 용액 같은 지시약을 이용하면 쉽게 구별할 수 있다. 산성도에 따라 색깔이 달라져 산성인지 염기성인지 눈으로 확인할 수 있다.

1) BTB 용액
산성에서는 노란색, 중성에서는 녹색, 염기성에서는 파란색을 나타낸다.

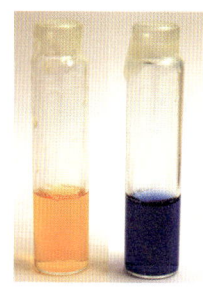

2) 페놀프탈레인 용액
산성과 중성에서는 무색, 염기성에서는 붉은색을 띤다.

3. 산과 염기의 세기

산과 염기의 세기는 pH(수소 이온 농도 지수)로 나타낸다. pH는 0에서 14까지 표시하며, 중성인 물(pH 7)을 기준으로 그보다 숫자가 작으면 산성, 크면 염기성으로 나눈다.

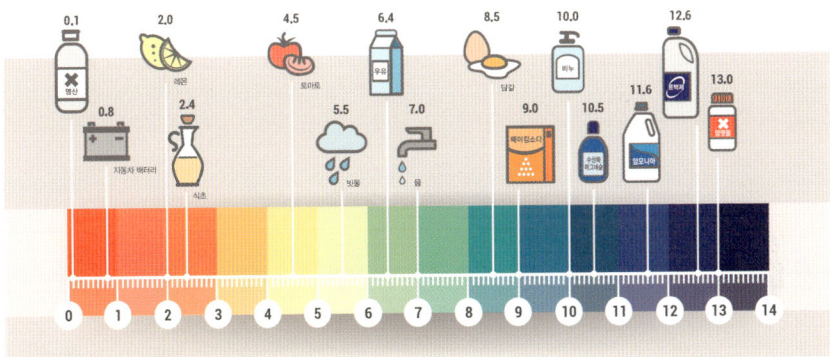

4. 산과 염기가 만나는 중화 반응

산의 특징을 나타내는 수소 이온과 염기의 특징을 나타내는 수산화 이온이 합쳐져 물로 변해 산성도 아니고 염기성도 아닌 중성이 되는 반응을 말한다.

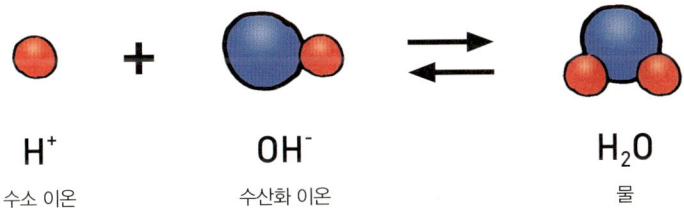

H^+ 수소 이온 OH^- 수산화 이온 H_2O 물

1) **비린내 잡는 중화 반응**: 어패류의 비린 냄새를 내는 성분은 염기성 물질이고, 레몬즙은 산성 물질이다. 그래서 어패류에 레몬즙을 뿌리면 염기성 물질과 산성 물질이 만나 중화 반응을 일으키면서 비린내가 나지 않게 된다.
2) **속 쓰림 잡는 중화 반응**: 흔히 위산이 많이 분비되었을 때 속이 쓰리다. 위산은 산성 물질인데 여기에 염기성 물질인 위산제가 섞이면 중화 반응을 일으켜 속이 쓰리지 않게 된다.
3) **산성비 잡는 중화 반응**: 산성비로 인해 산림이 황폐해진 경우 염기성 비료를 이용해 중화시키면 토질이 개선된다.

생각이 크는 숲

세계의 골칫거리, 산성비를 잡아라

　석탄이나 석유 같은 화석 연료를 태울 때 발생하는 이산화 황과 질소 산화물은 빗물에 녹아 황산과 질산으로 변하면서 빗물의 산성도를 높인다. 이렇게 강한 산성을 띤 물질이 비에 흡수되어 내리는 것을 산성비라고 한다. 일반적으로 pH 5.6 미만일 때 산성비라고 한다. 산성비는 pH에 민감한 수많은 생물들을 멸종시키고, 건축물을 부식시켜 우리의 안전을 위협하고 있다.

　1980년대에는 산성비 때문에 산림의 절반 이상이 훼손되는 나라도 여럿 있었지만, 이후 산성비의 피해를 줄이기 위한 대기 오염 조약을 체결하는 등 꾸준한 실천으로 지금은 점차 산성비가 감소하는 추세라고 한다.

　하지만 우리나라의 서울과 같은 대도시나 중국의 영향을 많이 받는 서해안 지역은 최근 10년 사이 pH 값이 크게 낮아져, 2012년 1월 강화도와 태

미국의 스모키 산에서는 전나무의 약 90%가 산성비로 말라 죽거나 병드는 일이 있었다.

카메라를 장착한 정찰용 드론이 산성화된 지역을 돌면, 땅속에 묻혀 있는 센서가 토양을 분석하여 드론의 센서로 정보를 보낸다.(왼쪽) 이 정보를 바탕으로 헬리콥터로 필요한 지역에만 적절하게 석회 가루를 살포한다.(오른쪽)

안에서 pH 3.9의 강한 산성비가 내리기도 했다. 오렌지 주스의 pH가 3.8 정도라고 하니, 그야말로 새콤한 비가 내리고 있는 셈이다.

오염된 공기로 인한 산성비를 완전히 막기는 어렵다. 하지만 산성비로 인한 피해를 줄이는 방법은 있다. 산성비가 심한 지역에 염기성인 석회 가루를 뿌려 주는 것이다. 석회 가루가 염기성이기 때문에 산성화된 호수나 땅을 중화시키기 때문이다.

단, 중성인 땅이나 물에 뿌린 석회 가루가 또 다른 오염 물질이 된다는 단점이 있었는데, 최근에는 발전된 과학 기술의 힘을 빌려 부작용을 막고 있다. 카메라와 센서를 부착한 드론, 그리고 실시간 토양 분석 센서가 바로 그 주인공이다.

현재 개발된 토양 분석 센서는 바이오 플라스틱으로 만든 극소형 칩을 통해 데이터를 무선 송신하는 장치로 배터리 없이 작동이 가능하여 활용 가능성이 무궁무진하다. 이런 센서를 이용한다면 훨씬 더 정밀한 작업을 해내고, 멋진 사물인터넷(IoT) 시대를 열어갈 수 있을 것이다.

3 자연 속의 산과 염기

개미에 물리면 가렵고 따가운데, 그건 강한 산성인 개미산 때문이야.
또 꿀벌의 독은 강한 산성, 말벌의 독은 강한 염기성을 띠고 있어.
알게 모르게 산, 염기와 관계를 맺으며 살고 있는
여러 생물들에 대해 알아보자.

개미의 무서운 산 맛을 보여 주마!

알록달록 수국의 변신

변심, 변덕, 소녀의 꿈, 진심, 냉정……. 모두 수국의 꽃말이야. 이렇게 예쁜 꽃에 변심, 변덕 같은 꽃말이 붙은 이유가 뭘까? 그건 바로 수국꽃의 색깔이 너무 잘 변하기 때문이야.

수국꽃은 파란색, 분홍색, 연두색, 보라색, 흰색까지 정말 여러 가지 색깔이 있는데, 어떤 경우에는 자라면서 꽃의 색깔이 저절로 변하기도 해. 처음에 필 땐 분홍색이었는데, 다 피고 나면 파

여러 가지 색깔의 수국꽃

란색으로 변하는 식이지.

　분홍색이라 예쁘다고 좋아했는데, 다 피고 나서 파랗게 변해 버리면 기분이 어떨까? 좋아하는 사람의 마음이 변해 버린 것 같은 기분이 들지 않을까? 이런 이유로 변심이라는 꽃말이 붙었다는 이야기가 있어.

　수국꽃은 왜 이렇게 여러 가지 색깔로 변하는 걸까?

　수국꽃의 색은 꽃에 들어 있는 색소인 델피니딘에 의해 결정돼. 이 색소는 알루미늄 이온이 있으면 알루미늄 이온과 결합해서 파란색을 띠고, 알루미늄 이온이 없으면 빨간색을 띠게 된대. 즉, 수국꽃의 색은 알루미늄 이온이 있느냐 없느냐에 따라 결정된다는 거지.

　땅이 산성이어서 흙 속에 알루미늄 이온이 많으면 이것이 뿌리를 통해 흡수되어 수국꽃은 파란색이 돼. 하지만 흙이 염기성이면 알루미늄 이온은 흙 속의 수산화 이온과 결합해서 물에 녹지 않는 물질로 변해. 알루미늄 이온이 물에 녹지 않으면 뿌리를 통해 흡수되지 않으므로 수국꽃은 분홍색이 되는 거지.

　그러니까 수국은 산성을 띠는 땅에서는 파란색 꽃, 염기성을 띠는 땅에서는 분홍색 꽃이 핀다고 볼 수 있어. 물론 땅에 알루미늄 성분이 있다는 조건에서 말이야.

수국꽃 색깔 바꾸기

분홍색 수국꽃을 파란색으로 바꾸고 싶으면, 땅을 산성으로 만들고 동시에 알루미늄 이온을 공급해 주는 물질을 찾아야 한다. 봉숭아 꽃물 들일 때 쓰는 백반(명반)이 그런 역할을 할 수 있다. 백반을 녹인 물은 산성을 띠는데다, 백반의 주성분이 황산 알루미늄이라 알루미늄 성분도 많이 들어 있다.

백반을 녹인 물을 땅에 뿌린 다음 곧바로 수국꽃의 색이 파랗게 변하지는 않지만, 한 해 두 해 지나가면서 점점 파랗게 변하게 된다.

반대로 파란꽃을 분홍꽃으로 바꾸려면 땅을 염기성으로 바꿔 주면 된다. 이때 가장 많이 쓰이는 것은 석회 가루로 원예 용품을 파는 가게에서 구할 수 있다. 땅에 뿌려 주면 흙이 염기성으로 변하는데, 석회 가루 대신 염기성 물질인 달걀 껍질을 잘게 부숴 뿌려 줘도 된다. 이 경우에도 느긋하게 기다리면 해가 갈수록 점점 더 많은 분홍색 수국꽃을 볼 수 있다.

요즘에는 유전자 조작으로 흙의 산성도와 상관없이 파란색과 분홍색이 섞여서 피는 수국 품종도 있다.

필 때마다 변해

기쁜 소식, 덧없는 사랑은 나팔꽃의 꽃말이야. 아침에 피었다가 금세 지는 나팔꽃을 두고 사람들은 아침을 연다고 해서 '아침의 영광(모닝 글로리)'이라는 이름을 붙여 주었어. 그런데 이 나팔꽃이 피기 전과 후에 꽃의 색이 다르다는 거 혹시 아니?

나팔꽃은 꽃봉오리일 때는 붉은 보라색을 띠지만, 다 피면 파

붉은 보라색 꽃봉오리(왼쪽)가 활짝 피면(오른쪽) 파란색을 띤다.

란색으로 변한단다. 모든 나팔꽃이 이렇진 않지만 우리가 주변에서 흔히 보는 파란색 나팔꽃은 대부분 그래. 이 수줍은 변화를 보려면 오랫동안 열심히 관찰해야 해.

그런데 나팔꽃이 피기 시작할 때랑 다 피었을 때 색깔이 달라지는 이유는 뭘까? 이걸 알려면 먼저 나팔꽃의 색을 결정하는 색소 안토시아닌에 대해 알아야 해.

안토시아닌은 산성도에 따라 색깔이 달라지는 성질이 있어. 안토시아닌이 풍부한 보라색 양배추를 이용해 확인해 볼까? 보라색 양배추를 잘게 썰어 산성도가 낮은 것부터 높은 것까지 각기 다른 뜨거운 물에 담가 두면 산성도에 따라 색깔이 달라지는 것을 볼 수 있어.

그렇다면 나팔꽃이 피기 전과 후에 색깔이 달라지는 이유는 뭘까? 나팔꽃의 색을 결정하는 색소가 안토시아닌이란 걸 생각해 봐. 그래, 맞아. 꽃잎의 산성도가 달라지기 때문이야. 활짝 피기 전의 봉오리 상태에서는 붉은 보라색이고, 다 피고 나서는 파란색인 걸 보면 꽃잎의 산성도는 산성에서 염기성으로 변한 거겠지? 실제로 나팔꽃은 피면서 약산성(pH 6.6)에서 약염기성(pH 7.7)으로 산성도가 변해.

그럼 나팔꽃이 피면서 산성도가 달라지는 이유는 뭐냐고?

그건 식물 세포 안에서 일어나는 복잡한 과정과 관련이 있어. 꽃이 활짝 피려면 꽃잎 세포가 팽창해야 해. 그러려면 칼륨 이온이 필요한데, 칼륨 이온은 산성을 띠는 수소 이온을 밀어내야

보라색 양배추액의 색깔 변화. 오른편에서 왼편으로 갈수록 용액의 산성도가 높다.

색의 마법사, 안토시아닌

안토시아닌은 색깔을 띠고 있는 채소나 꽃 속에 많이 들어 있다. 블루베리에 특히 많이 들어 있는 이 색소는 산성에서는 붉은색, 염기성에서는 파란색을 띤다.
안토시아닌은 워낙 잘 변해서 다른 물질을 대신해 산화되기 쉬운데, 이에 노화의 원인인 산화를 방지해 주는 '항산화제'로 인기가 높다.

안토시아닌이 많이 들어 있는 블루베리

만 꽃잎 안에 쌓여. 그러니까 꽃봉오리가 활짝 피기 위해서는 수소 이온이 꽃잎 밖으로 밀려나서 산성도가 낮아져야만 한다는 거지. 나팔꽃이 활짝 피면서 파랗게 변하는 건 바로 이 때문이야.

무덤가에 피는 할미꽃의 비밀

옛날 옛날에 딸 둘을 둔 어머니가 살았대. 남편을 잃고 홀로 두 딸을 키우느라 고생이 이만저만이 아니었지. 다행히 두 딸은 잘 자라서, 큰딸은 부잣집으로 작은딸은 가난한 집으로 시집을 갔어.
혼자 살며 늙어 할머니가 된 어머니는 어느 날 두 딸이 보고 싶어 집을 나섰어. 그런데 부잣집으로 시집 간 큰딸은 늙은 어머니

어느 무덤가에 핀 할미꽃

를 문전에서 내쫓았어. 슬픔에 잠긴 어머니는 작은딸 집으로 떠났는데, 여러 산을 넘다가 지치고 기운이 다해 그만 쓰러지고 말았지. 작은딸이 어머니를 발견했을 때는 이미 세상을 떠난 뒤였어. 작은딸은 크게 울며 어머님을 땅에 묻었어. 다음 해 무덤가에는 어머니의 굽은 등처럼 고개를 숙인 꽃이 피었어. 할머니의 흰머리처럼 흰색 털이 난 열매가 달리는 그 꽃을 작은딸은 어머니가 환생한 것이라고 여겨 '할미꽃'이라고 이름을 지었대.

이게 할미꽃에 얽힌 옛날 이야기야. 그런데 이 할미꽃이 우리나라에서만 피는 꽃이라는 거 아니? 그래서 학명도 코리아(korea)가 들어간 펄새틸라 코리아나(Pulsatilla koreana)야.

슬픈 전설이 담긴 할미꽃은 실제로 무덤가에 잘 피는 꽃이란다. 하고 많은 곳 중에 하필이면 무덤가일까?

사실 할미꽃은 뿌리를 엄청 깊게 멀리 뻗어서 주위에 다른 식물들이 잘 자라지 못하게 한대. 그래서 무덤가에 할미꽃이 피면 다른 꽃은 잘 자라지 못한다고 해. 또 무덤 주위는 땅이 염기성이어서 다른 꽃이 잘 자라지 못한다고도 해. 할미꽃은 땅이 산성이든 중성이든 염기성이든 상관없이 잘 자라지만 대부분의 꽃들은 산성도가 너무 높거나 낮으면 잘 자라지 못하거든.

그런데 무덤 주위의 땅은 왜 염기성일까?

옛날 우리나라에서는 대부분 시신을 땅에 묻고 무덤을 만드는 방식으로 장례를 치렀어. 이때 시신을 넣은 관 안에 벌레가 생기지 말라고 숯이나 석회 가루를 함께 넣곤 했는데, 바로 이 석회 가루가 염기성이야. 이런 이유로 무덤가에 뿌려둔 석회 가루가 그 주변의 땅을 염기성으로 만들었고, 그 때문에 다른 식물들은 잘 자라지 못했던 거지. 그러니 다른 꽃은 없고 할미꽃만 피어 있는 곳을 보거든 '저쪽 흙은 염기성인가 보다'라고 생각하면 대충 맞을 거야.

할미꽃은 왜 백두옹이라고 부를까?

예전부터 약초로 쓰이는 백두옹은 할미꽃을 말한다. 흰 백白 머리 두頭, 노인 옹翁, 즉, 흰머리를 가진 노인이라는 뜻이다. 열매에 난 흰 털이 할머니의 흰머리 같다고 해서 붙은 이름이다.
백두옹은 한방에서 열을 내리는 해열제, 염증을 줄이는 소염제, 균을 죽이는 살균제, 설사를 멎게 하는 지사제로 썼는데, 뿌리에서 추출되는 사포닌 성분 중에는 항암 작용을 하는 것도 있다고 한다. 하지만 다른 성분은 심장에 독성을 나타내기도 하니 조심해야 한다.

산과 염기로 소통하는 식물

조선 시대의 화가 단원 김홍도의 작품 「담배 썰기」는 어른들이 많이 피우는 담배를 직접 만들고 있는 장면을 그린 거야.

그림 속 사람들 중 위쪽에 있는 두 사람을 한번 볼래? 한 사람은 말린 담뱃잎을 한 손으로 누르면서 다른 손으로는 작두를 눌러 잎을 썰고 있고, 다른 사람은 옆에서 구경하고 있어. 그런데 두 사람의 표정이 매우 흐뭇해 보이지 않니? 옛날에는 담배가 몸

김홍도의
「단원 풍속도첩」 중
「담배 썰기」

에 해롭다는 걸 모르고 많이들 피웠다고 해.

담배는 담배라는 식물의 잎으로 만들어. 그런데 이 담배가 정말 똑똑한 식물이야. 공격을 받거나 바이러스에 감염되었을 때 주변의 다른 동료들에게 조심하라는 경계 경보를 발령하거든.

재배 중인 담배

동물들은 위험에 처했을 때 소리를 내거나 몸짓을 이용해서 의사소통을 해. 그런데 소리를 내지도 못하고 움직이지도 못하는 식물은 어떻게 의사표현을 할까?

담배과 식물은 특별한 화학 물질을 내보내 이웃에게 경고 메시지를 전해. 이들이 경고용으로 분비하는 화학 물질은 산의 일종이야. 바로 아스피린을 만드는 성분인 살리실산이라는 물질이지.

담배과 식물이 바이러스에 감염되면 담뱃잎에 검은 수포가 생기고 색이 노랗게 변해. 이때 담배과 식물은 살리실산을 만들어 내어 더 이상 병원체가 퍼지지 못하도록 막아. 하지만 이게 다가 아니야. 이 살리실산의 일부를 휘발성이 큰 다른 물질로 살짝 바꿔 공기 중으로 내보내. 그러면 가까이에 있던 다른 담배과 식물이 이 물질을 흡수하여 다시 살리실산을 만들어 내는데, 이렇게 해서 병원체에 저항할 수 있게 되는 거야.

이처럼 담배과 식물은 움직이거나 소리를 내지는 못하지만 살리실산이라는 산을 사용하여 서로 정보를 전달하고 이웃한 식물들을 지키고 있어. 참 대단하지?

개미들의 전투 무기, 개미산

프랑스 작가 베르나르 베르베르의 대표작 『개미』에는 두 개미 군단의 전투 장면이 나와. 같이 한번 볼래?

> 포수 개미들이 부랴부랴 사격 자세를 취한다. 뒤의 네 다리로 단단히 몸을 받치고 배를 앞으로 내민다. 그렇게 해야만 배를 상하 좌우로 움직여 가장 알맞은 조준 각도를 잡을 수가 있는 것이다.
>
> 능선 바로 아래까지 올라온 난쟁이 개미들은 수천 개의 배가 능선 위로 끝을 비죽 내밀고 있는 것을 보았다. 양 진영 사이에 아직은 좀 거리가 있다. 난쟁이 개미들이, 비탈길의 마지막 몇 센티미터를 건너가려고 힘을 한껏 내어 속도를 높인다.

"돌격! 열과 열 사이를 좁혀라!"

그러자 반대쪽 진영에서 단 한마디의 명령이 떨어진다.

"발사!"

아래쪽으로 방향을 돌린 배들이 난쟁이 개미들 위로 뜨거운 독물을 뿜어 댄다.

피웅, 피웅, 피웅.

노르스름한 분출물이 바람처럼 허공을 날아, 공격자들의 제1선을 정면으로 내리친다. 먼저 더듬이가 녹아서 머리 위로 굴러 떨어진다.

그 다음에 독이 딱지로 퍼져 나가면, 마치 플라스틱이 불에 녹는 것처럼 딱지가 녹아 버린다. 개미산에 쏘인 몸뚱이가 털썩 내려앉으면서, 거치적거리는 장애물이 되어 난쟁이 개미들을 비틀거리게 만든다.

(베르나르 베르베르의 『개미』 중에서)

난쟁이 개미들이 상대편 개미들의 '뜨거운 독물'과 '노르스름한 분출물'을 맞고 딱지가 녹으며 몸뚱이가 털썩 내려앉게 된다는 내용, 찾았어? 이 '뜨거운 독물'이자 '노르스름한 분출물'이 바로 '개미산'이야. 이름에서 알 수 있듯이 개미 몸에서 나오는 산이지.

개미산이 얼마나 자극성이 강한지는 개미에 물려 본 사람이라

개미

면 잘 알 거야. 개미에 물리면 붓고 가렵고 따가운데 이게 다 개미산 때문이거든. 그러니 개미에 물렸을 때는 염기성을 띠고 있는 비누 같은 걸로 씻어 주면 좀 도움이 돼. 하지만 무엇에 물렸는지 정확하지 않을 때는 물로 씻어 내고 벌레 물린 데 바르는 약을 바르는 게 제일 안전하단다.

벌에 쏘인 경우는 어떨까? 꿀벌은 자신이 공격을 당하고 있다고 여겨질 때 벌침을 쏘는데, 꽁무니에 있는 벌침이 내장과 연결되어 있어서 대부분 침을 쏘고 나면 벌도 죽는 경우가 많아. 그러니 꿀벌이 벌침을 쏜다는 건 목숨을 걸고 자신을 지키는 것과 마찬가지인 거지.

벌에 쏘였을 때 응급 처치 방법은 아주 많아. 그중 가장 과학적인 방법은 강한 산성을 띠는 벌침을 염기성 물질로 중화시키는 거야. 소다 같은 염기를 물에 녹여서 쏘인 부위에 문질러 주는 거지. 물론, 이때 쓰는 소다는 가성 소다나 세탁

꿀벌

용 소다가 아니라 안전한 베이킹 소다여야 해.

만약 꿀벌이 아니라 말벌에 쏘인 거라면, 그땐 소다가 아니라 식초를 써야 해. 말벌의 독은 염기성을 띠고 있기 때문이야.

하지만 이런 방법은 응급 처치일 뿐이고 실제 벌에 쏘였다면 병원에 가는 게 나아. 벌에 쏘이면 일단 침을 빼내야 하는데, 감염 우려가 있으니 말이야.

해파리에 쏘였을 때도 해파리의 독이 염기성을 띠고 있기 때문에 산성인 식초를 바르면 된다는 말이 널리 퍼져 있어. 하지만 모든 해파리의 독이 다 염기성을 띠는 게 아닌데다, 식초를 바르는 게 효과적인 경우는 상자해파리에게 쏘였을 때 정도라고 해. 해파리 중에는 무서운

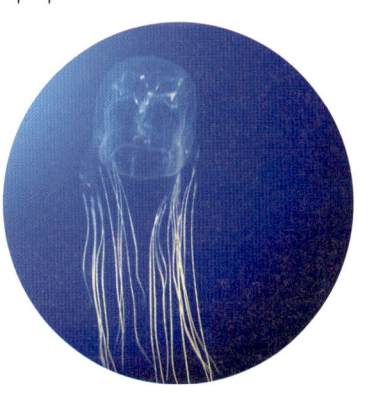

독을 지닌 해파리

독을 가진 것들도 많아서 순식간에 사람이 죽을 수도 있는데, 거기에 식초만 바르고 있으면 절대 안 되겠지?

이렇게 살펴보니 산, 염기와 관련된 생물들이 꽤나 많다는 생각이 들 거야. 사실 이외에도 엄청나게 많은 생물들이 산, 염기와 관계를 맺으며 살고 있어.

산과 염기로 비밀 편지 쓰기

1. 레몬 비밀 편지
  1) 준비물: 레몬이나 오렌지, 거즈, 비커, 붓이나 면봉, 종이
  2) 레몬 비밀 편지 쓰는 방법
   ① 레몬이나 오렌지 껍질을 깐 뒤, 거즈에 넣고 비커에 꼭 짜내어 레몬즙을 만든다.
   ② 레몬즙을 붓에 묻혀서 쓰고 싶은 글을 종이에 쓴다.
   ③ 다 썼으면 종이를 말린다.(글자가 흐릿해진다.)
   ④ 종이를 불 위에 가까이 대보면 다시 글자가 진해진다.
  3) 레몬 비밀 편지의 원리
   레몬에 들어 있는 시트르산(구연산)이라는 성분은 가열 과정에서 종이의 물을 빼앗고 색을 변하게 하기 때문에 레몬즙으로 쓴 글씨가 갈색으로 변한다. 레몬뿐만 아니라, 사과나 오렌지, 매실 등 시트르산 성분이 든 다른 과일로도 만들 수 있다.

2. 페놀프탈레인 용액 요술 편지
  1) 준비물: 페놀프탈레인 용액, 묽은 암모니아수 또는 비눗물이나 락스(염기성 용액), 종이, 붓
  2) 페놀프탈레인 용액 요술 편지 쓰는 방법
   ① 종이에 붓을 이용해 페놀프탈레인 용액으로 글을 쓰고 말린다.
   ② 분무기를 이용해 묽은 암모니아수를 뿌린다.
   ③ 글씨가 붉게 나타난다.
  3) 페놀프탈레인 용액 요술 편지의 원리
   페놀프탈레인 용액은 산성과 염기성을 구별해 내는 지시약이다. 페놀프탈레인 용액은 염기성 용액과 만나면 붉게 변하는데, 이 성질을 이용해 편지를 쓴 것이다.

자연 속의 산과 염기

많은 생물들이 자연 속의 산과 염기를 적절하게 사용하며 살아가고 있다.

- 수국꽃은 땅의 산성도에 따라 색이 달라진다.

산성인 땅에서는 파란색 꽃이 핀다.

염기성인 땅에서는 붉은색 꽃이 핀다.

- 나팔꽃은 꽃잎의 산성도에 따라 꽃의 색이 달라진다.

약산성일 때 (pH 6.6)

약염기성일 때 (pH 7.7)

- 할미꽃은 땅의 산성도와 상관없이 잘 자란다.
- 담배과 식물은 살리실산이라는 산의 일종인 물질을 내보내 정보를 전달한다.

- 개미는 위협을 느끼면 산의 일종인 개미산을 내보내 자신을 보호한다.
- 꿀벌은 위협을 느끼면 강한 산성을 띠는 벌침을 쏘아 자신을 보호한다.

생각이 크는 숲

버드나무에서 얻은 해열제, 아스피린

페니실린, 스테로이드 그리고 아스피린은 인류가 만들어 낸 3대 명약으로 손꼽힌다.

아스피린은 미국의 한 방송에서 소개한 '돈 안 들이고 오래 사는 25가지 방법' 중 첫 번째인 '심장마비와 뇌졸중 위험을 줄이기 위해 중년층은 아스피린을 매일 복용하라.'에도 등장한다. 대체 아스피린이 뭐길래 이런 높은 평가를 받고 있는 것일까?

아스피린은 버드나무를 재료로 만든 약이다.

버드나무 껍질을 달인 물이 해열 작용이 있다고 처음 밝힌 사람은 기원전 4세기경의 히포크라테스이다. 이후 오랜 세월이 지나 그 약효 성분이 살리실산(담배과 식물이 경계 경보로 사용하는 산의 일종)이라는 것이 밝혀졌지만 맛이 고약하고 구역질 같은 부작용이 심해 환자들에겐 인기가 없었다. 그러던 중 관절염을 앓는 아버지의 고통을 줄여 주기 위해 연구를 시작한 29세의 화학자 호프만이 살리실산에 산성인 식초(아세트산)를 섞어 위장 장애를 줄인 약을 만들어 냈다.

이 약은 아세트산(Acetic acid)의 'A'와 버드나무 학명(*Spiraea*)의 앞 글자를 따 '아스피린(Aspirin)'이라고 이름 지어졌으며, 독일의 제약 회사인 바이엘에서 1899년부터 진통 해열제로 판매하기 시작했다. 이후 아스피린은 최초의 합성 의약품으로 지금도 매년 600억 알 이상 팔리는 '세기의 약'이 되었다.

하지만 아스피린에는 단순한 해열 진통 효과만 있는 게 아니었다. 피딱지

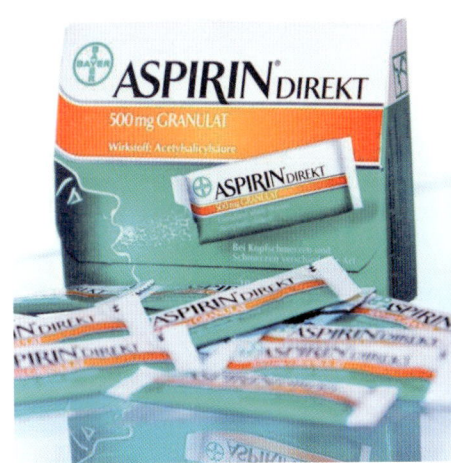

아스피린(왼쪽)은 버드나무(오른쪽)를 재료로 만든 약이다.

(혈전)가 생기지 않도록 해서 심혈관 질환을 예방하는 효과도 있었다. 미국의 한 방송에서 중년층에게 아스피린을 하루에 한 알씩 영양제를 먹듯이 먹으라고 권한 이유가 바로 이것이다.

　물론, 아스피린을 오래 먹으면 위궤양이 생길 수 있고, 피의 응고를 막아 지혈을 방해하기 때문에 수술 전에는 복용하지 않아야 한다. 하지만 값싸게 만들어 낼 수 있는 합성 의약품 중에 이 정도의 효능을 나타내는 약은 아스피린 말고는 없다.

　세기의 약이라고 칭해지는 아스피린은 자연 속의 산이 우리에게 준 최고의 선물이 아닐까?

4 우리 몸의 산과 염기

침은 산성일까, 염기성일까?
위에서는 정말 금속이나 돌을 녹이는 염산이 나올까?
이 질문에 대한 답을 찾다 보면 우리 몸이 산과 염기와
얼마나 밀접한 관계가 있는지 실감하게 돼.
우리 몸이 어떻게 pH를 잘 조절해 건강을 지키는지 알아볼까?

소장
(약한 염기성)

대장
(중성)

우리 몸 속의 산성도가 제각각 다르다는 건 몰랐지?

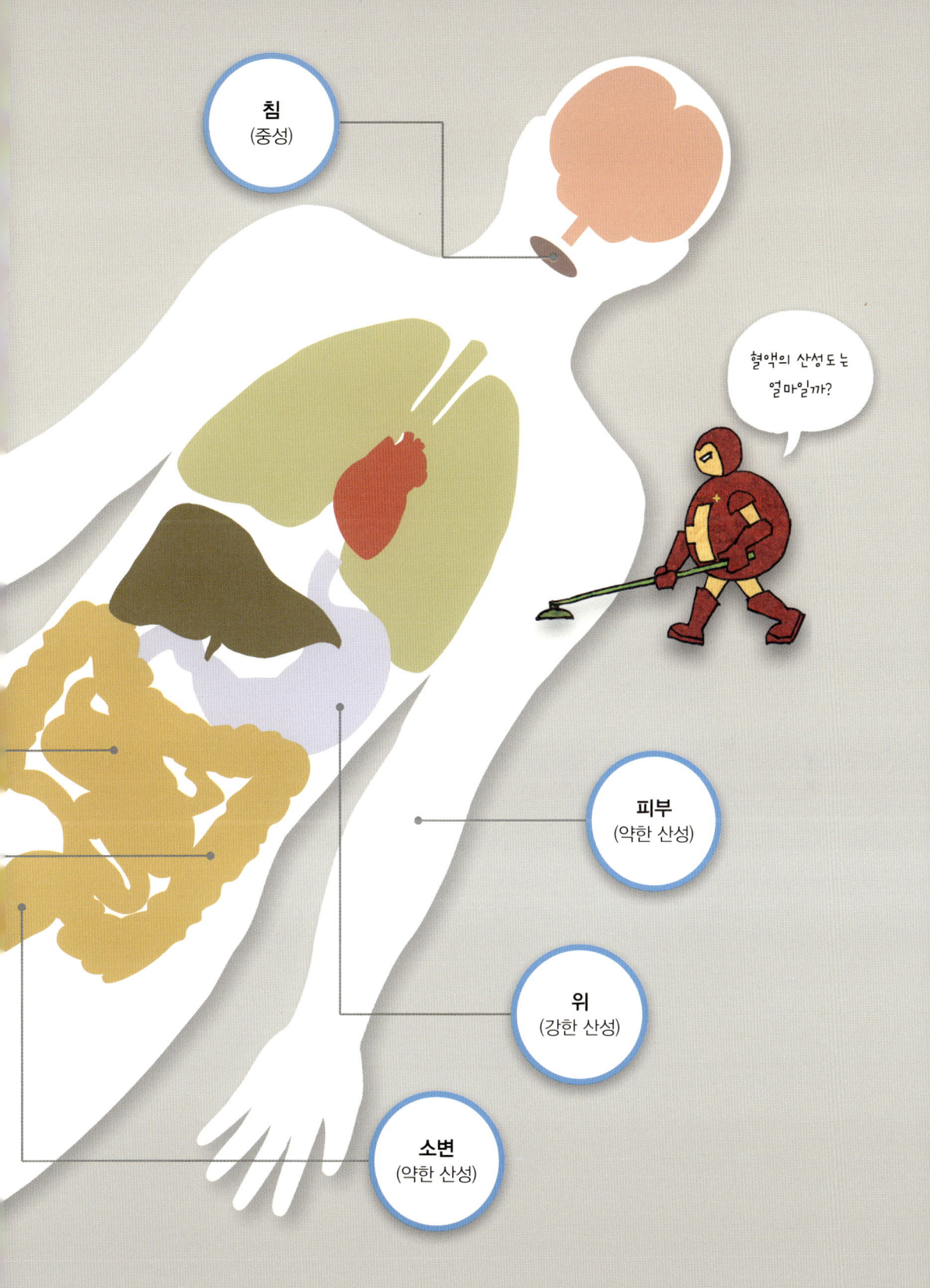

침은 산성일까, 염기성일까?

갓 지은 따스한 밥을 한 술 크게 떠서 입에 넣고 꼭꼭 씹어 그 맛을 음미해 봐. 처음엔 별다른 맛이 없던 밥에서 씹을수록 서서히 단맛이 배어 나올 거야. 밥의 녹말 성분이 침에 분해되어 단맛을 내는 당분으로 변했기 때문이야.

그런데 이렇게 밥을 먹고 소화시키는 과정에도 산과 염기가 역할을 해.

우선 음식을 고르게 섞어 삼키기 쉽게 만드는 침부터 살펴보자.

침은 99.5%의 물과 끈적끈적한 점액질, 소화 효소 같은 것으로 이루어져 있어. 점액은 음식물을 감싸 촉촉하고 삼키기 쉬운 상태로 만들어 줘. 소화 효소는 우리 몸이 흡수하기 어려운 큰 덩어리의 음식물을 잘게 쪼개어 주고. 음식물을 소화하려면 작은 크기의

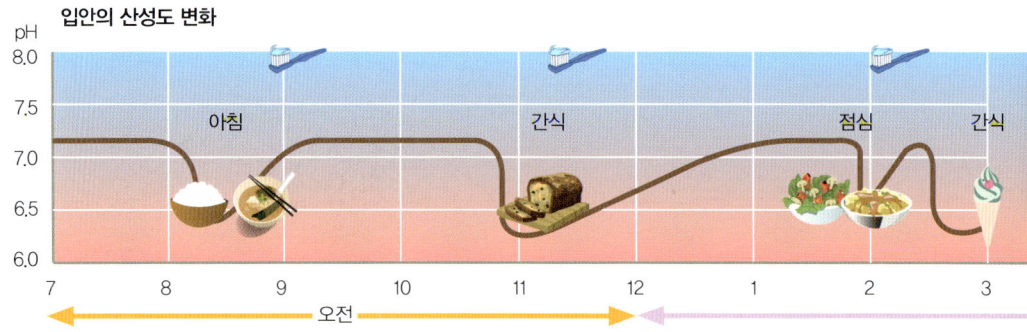

입안의 산성도 변화

침은 하루에 얼마나 나올까?

사람은 1분에 약 1밀리리터 정도의 침을 분비한다. 하루 동안 분비되는 침을 모아 컵에 담으면 7~8잔 정도가 되는데, 무려 음료수 1.5리터 페트병 하나를 채울 수 있는 양이다.

분자로 쪼개야 하는데, 아무리 꼭꼭 씹어도 몸속으로 흡수하기 좋을 만큼 작아지지는 않거든. 그래서 이런 효소가 필요해.

침에는 아밀레이스라는 소화 효소가 들어 있는데, 아밀레이스는 중성일 때만 제 역할을 할 수 있어. 그러니 침은 중성이어야겠지? 실제로 사람마다 침의 성분은 조금씩 다르지만 대부분 중성에 가깝다고 해. 소화 효소인 아밀레이스가 잘 작용할 수 있도록 말이야.

그런데 입안의 pH(산성도)가 늘 중성인 것은 아니야. 우리가 음식물을 먹으면 입속에 살고 있는 세균들도 덩달아 음식물을 먹어

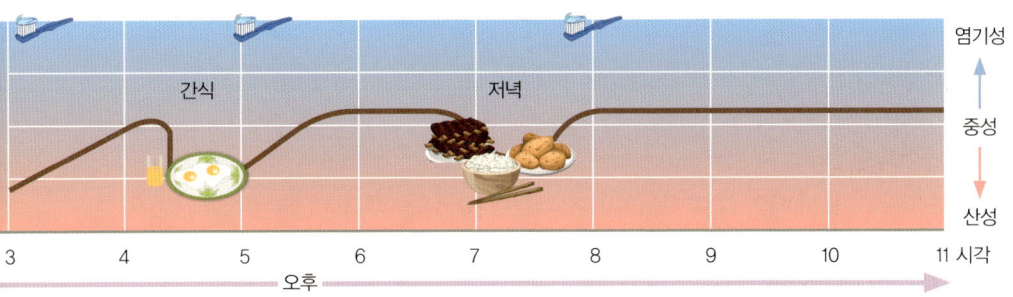

치우기 시작해. 이때 입속 세균들은 설탕과 같은 당분을 양분으로 섭취하고 그 과정에서 생기는 산성 물질을 내보내.

음식을 먹는 동안에는 많은 양의 침이 나와서 세균들이 산성 물질을 내보내도 입안을 중성으로 유지시켜 줘. 하지만 다 먹고 나면 침 분비량이 급격하게 줄어들어. 그런데도 입안에는 여전히 음식물이 남아 있어서 세균들이 왕성하게 번식하면서 산성 물질을 내보내기 때문에 입안은 산성으로 변하게 돼.

입안이 산성으로 변했을 때 가장 큰 문제는 충치가 생기기 쉬워진다는 거야. 치아의 겉부분은 단단한 돌과 같은 무기질로 되

충치를 부르는 위험한 탄산 음료

2013년 2월 5일, 호주에 사는 윌리엄 캐너웰이라는 25세 청년이 충치 때문에 치아를 모두 잃은 사실이 보도되었다. 캐너웰은 3년 전 어느 날부터 생수 대신 탄산 음료를 마셨고, 이런 습관은 중독으로 이어져 매일 6~8리터의 콜라를 마셨다고 한다. 그 때문인지 3년 만에 23개의 치아 중 13개만 남게 되었고, 그마저도 틀니 착용을 위해 모두 뽑아야 했다. 흔히 탄산 음료나 과자는 충치의 주된 원인으로 꼽히는데, 여기에 포함된 액상 과당, 설탕과 같은 단맛을 내는 성분이 바로 입안 세균들이 좋아하는 먹잇감이기 때문이다. 세균이 당분을 먹어치우면서 내놓는 산성 물질은 입안을 산성으로 만든다. 특히 콜라와 같은 탄산 음료는 그 자체만으로도 산성을 띠므로, 많이 마시면 충치가 생기기 쉽다.

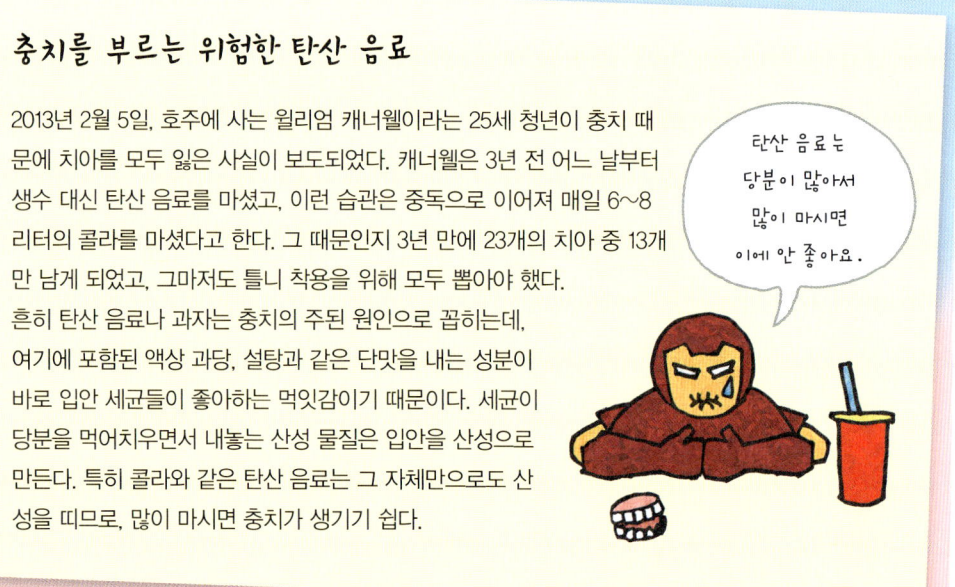

탄산 음료는 당분이 많아서 많이 마시면 이에 안 좋아요.

어 있어 세균들이 먹지 못하지만, 세균이 만들어 낸 산성 물질은 그런 치아의 겉부분을 녹이기 때문에 충치가 생기기 쉬워지는 거야. 신경과 혈관이 연결된 치아 깊은 곳까지 충치가 진행되면 무척 고통스럽겠지?

그럼 어떻게 해야 할까? 음식을 먹고 나서 양치질을 잘 하면 돼. 치약에는 탄산 칼슘이나 탄산 마그네슘 같은 약한 염기가 들어 있어 세균들이 만들어 낸 산성 물질을 중화시켜 주거든. 입안이 중성이 되면 산에 의해 치아가 녹는 것을 방지할 수 있지. 물로만 헹구어도 남아 있는 당분이 씻겨 나와 세균의 먹이를 없애 주는 효과가 있어.

위에 염산이 들어 있다고?

우리가 꼭꼭 씹어 삼킨 음식물은 목구멍을 통해 몸속으로 들어가. 정확히 말하면 우리 몸의 밥통이라고 할 수 있는 위로 들어가지. 왜 밥통이냐고? 밥을 담아 놓는 통이니까! 위는 우리가 먹은 음식물을 담아 두고 있어. 먹은 걸 한꺼번에 소화할 수 없으니까 위에 담아 두고 조금씩 처리하는 거지.

위에 들어간 음식물은 위액과 섞이게 돼. 위에서 분비된 위액

강한 산에 강한 뮤신

위액에 포함된 염산은 신체 조직도 녹일 수 있을 만큼 강력하지만, 다행히 위벽은 강한 산에서도 잘 견디는 뮤신이라는 끈적끈적한 액체로 덮여 있어 위가 흐물흐물 녹을 염려는 없다. 뮤신은 소화 기관 내의 점막을 보호하는 성분이다. 침에도 뮤신이 들어 있고, 소장과 대장에도 뮤신이 있어 장의 안쪽 벽을 보호하고, 장 내벽에 달라붙은 이물질이 매끄럽게 떨어지게 해 준다. 또한 뮤신은 위산으로부터 위벽을 보호해 주기 때문에 위궤양이나 위염을 예방한다.

마나 연근 같이 뮤신이 많이 포함되어 있는 식물의 단면을 잘라 보면 끈적끈적한 점액이 묻어 나오는 것을 볼 수 있다.

에는 침과 마찬가지로 점액 성분과 소화 효소가 들어 있어. 하루에 분비되는 양도 침이랑 비슷하게 1.5~2.5리터 정도야. 단, 위액은 산성이야. 위액에는 강한 산성을 띠는 염산이 들어 있기 때문이지. 그래서 위 안은 pH 2 정도의 산성을 유지해. 입안과 비교하면 무려 10만 배 정도 수소 이온이 많은 셈이야.

위액이 산성인 것은 소화를 잘 시키기 위해서야. 강한 산은 음식을 흐물흐물한 상태로 녹여 소화하기 쉽도록 만들어 주고, 단백질을 소화하는 효소인 펩신의 작용을 도와줘. 펩신은 위의 산성도와 같은 pH 2에서 가장 잘 작용해.

또 위의 강한 산성은 음식물의 부패를 막아 줘. 강한 산성 때문에 음식물과 함께 들어온 세균이 살아남지 못하기 때문이야.

산성으로부터 소장을 지켜라

위와 연결되어 있는 소화 기관인 소장은 길고 가늘며 구불구불한 튜브 모양으로 생겼어. 소장의 길이는 6미터 정도야. 입과 위에서도 소화가 이루어지지만, 대부분의 영양소가 흡수되기 좋은 작은 분자로 쪼개어지는 곳은 소장이야.

위 속의 음식물이 처음으로 소장과 만나는 곳, 그러니까 소장의 가장 윗부분을 십이지장 또는 샘창자라고 해. 위에서 뒤죽박

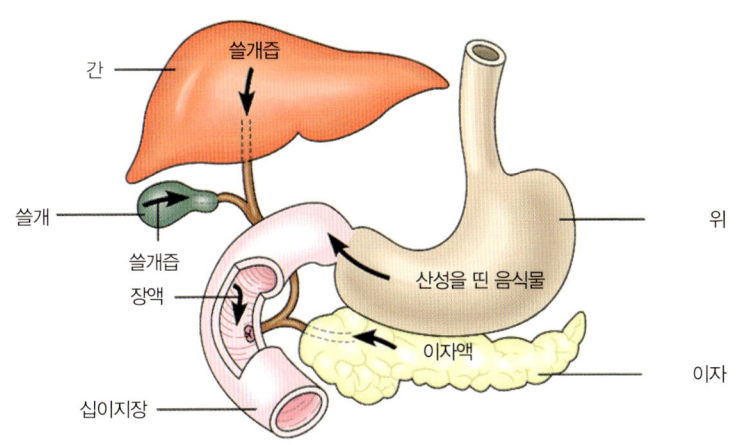

죽 섞인 채 십이지장으로 넘어온 음식물은 강한 산성을 띠고 있어. 위에서 분비된 염산은 신체 조직도 녹일 만큼 강한 산이기 때문에 그냥 놔두면 안 돼. 그래서 십이지장에서는 염기성 물질을 분비해 위산을 중화시켜.

십이지장의 중간쯤에는 간에서 만들어진 쓸개즙과 이자에서 만들어진 이자액이 흘러들어 오는 구멍이 있어. 쓸개즙과 이자액은 약한 염기성을 띠고 있는데, 그건 쓸개즙과 이자액에 들어 있는 소화 효소들이 약한 염기성에서 가장 잘 작용하기 때문이야. 같은 이유로 소장 또한 약한 염기성을 띠고 있어. 약한 염기성을 띠는 소장을 지나면서 음식물은 완전히 분해되어 몸속으로 흡수되게 돼.

이제 남은 건 우리가 소화시킬 수 없는 성분이나 미처 소화되지 못한 영양분, 소화되고 남은 찌꺼기와 물뿐이야. 이것들이 이제 대장을 거쳐 항문을 통해 몸 밖으로 배출되면 '똥'이 되는 거야.

그럼 대장에서는 어떤 소화액이 나올까? 대장에서는 별다른 소화액이 나오지 않아. 그럼 소장에서 넘어온 상태 그대로일 테니 염기성을 띠고 있어야 할 것 같지? 그런데 그게 그렇지가 않아.

소장을 지나는 동안 약한 염기성을 띠게 된 장내의 물질들은 대장으로 이동하여 대장에 살고 있는 세균들을 만나게 돼. 흔히 대장균이라고 불리는 세균이지.

대장균이 남은 영양소들을 분해하는 과정에서 이산화탄소나 메탄, 수소와 같은 기체와 함께 여러 가지 물질이 생성돼. 대장균의 활동은 주로 산성 물질을 만들어 내지만, 어떤 음식을 먹었느냐에 따라 때로는 염기성 물질이 많이 만들어지기도 해. 그래서 대장은 상황에 따라 산성도가 달라져. 보통은 중성에 가깝지만 말이야.

음식물이 우리 입에 들어와 항문을 통과하기까지 참 많은 일이 일어나지? 우리 몸의 소화 기관은 이렇게 적당한 산성도를 유지하며 우리가 먹은 음식물을 소화시켜 줘.

온몸을 순환하는 피는 약한 염기성

소화 기관을 통해 흡수된 영양분은 혈관을 통해 온몸으로 퍼져 나가. 이렇게 영양분을 싣고 우리 몸 구석구석을 순환하는 혈액의 pH는 7.4 정도야. 중성일 때의 pH가 7이니까 아주 약한 염기성이지.

혈액의 산성도는 우리 몸의 세포들이 제 기능을 유지하는 데 아주 중요한 역할을 해. 혈액의 pH가 정상보다 0.3 정도만 높아지거나 낮아져도 몸이 정상적으로 작동하지 않고, 단 몇 초라도 정상보다 0.5 이상 차이가 나면 죽음에 이르게 된다고 해.

하지만 다행히 혈액은 산이나 염기가 좀 더 들어와도 일정한 pH가 유지되도록 조절할 수 있어. 그래서 산성인 콜라를 많이 마시거나, 염기성인 소다로 부풀린 과자를 많이 먹어도 혈액의 pH는 쉽게 변하지 않아.

어떻게 그게 가능하냐고? 혈액에는 상당한 양의 약한 산과 약한 염기가 포함되어 있어서 이것들이 혈액에 들어온 산과 염기의

산과 염기의 충격을 흡수하는 이산화탄소

혈액에서 산과 염기의 충격을 흡수하는 물질은 이산화탄소이다. 이산화탄소가 물에 녹으면 탄산이라는 물질이 생겨 약한 산성을 띈다. 하지만 이 탄산에서 원자 하나만 떼어내도 약한 염기성을 띠는 탄산수소 이온이 만들어진다.
우리 몸은 탄산과 탄산수소 이온의 양을 적절하게 조절하여 외부에서 들어온 산과 염기의 충격을 완화시킨다. 피의 산성도가 높아지면 약한 염기인 탄산수소 이온이 나서서 산을 중화시킨다. 반대로 염기성이 커질 땐 탄산 이온이 나서서 염기를 중화시킨다. 호흡을 할 때 생기는 이산화탄소를 이용해 혈액의 pH를 유지하고 있는 것이다.

충격을 흡수해 주기 때문이야.

또 우리 몸은 영양분을 필요한 에너지로 바꾸는 과정에서 탄산, 황산, 인산, 젖산 같은 다양한 산을 만들어 내. 우리 몸의 혈액은 다해 봐야 4~6리터 정도인데, 이런 산들이 계속 혈액 속으로 녹아 들어가면 혈액의 성질이 달라질 수 있어. 그래서 우리 몸은 이런 물질들이 혈액의 pH를 바꾸어 놓지 않도록 신속하게 대응하고 있어.

탄산은 폐에서 이산화탄소의 형태로 바꾸어 몸 밖으로 내보내. 또 황산이나 인산은 신장에서 오줌으로 만들어 내보내.

이렇게 폐로 호흡을 적당하게 유지하는 것이나 신장에서 노폐물을 적절하게 걸러 내어 오줌으로 배설하는 것은 아주 중요한 일이야. 즉 폐와 신장이 혈액의 산과 염기를 적절히 조절하는 데 가장 핵심적인 역할을 하는 거지.

그런데 정상적인 폐를 가진 건강한 사람이라도 호흡으로 인해 혈액의 산성도가 달라져 위험해지는 경우가 있어.

에베레스트 산처럼 높은 산에 올라가면 고산병을 조심해야 한다는 이야기, 들어 본 적 있지?

고산병에 걸리면 몸살에 걸린 것처럼 어지럽고, 머리가 아프고, 식욕이 없어지거나 해. 또 얼굴이나 손발이 붓기도 하고, 잠

높은 산을 오를 때 산악인들은 고산병 발병을 대비해 산소통을 메고 등반한다.

을 잘 못 자게 되기도 하지. 고산병의 발생은 혈액 속의 이산화탄소 양과 관련이 있어. 높은 산에서는 사람이 숨 쉬는 데 필요한 산소가 부족하기 때문에 호흡이 빨라져. 그런데 산소를 들이마시는 만큼 이산화탄소가 빠져나가는 속도도 빨라지는 게 문제야. 혈액 속의 이산화탄소가 부족해지는 일이 생기거든. 이산화탄소가 부족하니 이산화탄소가 녹아 생긴 탄산도 부족해지고, 혈액은 점차 더 염기성의 성질로 변하겠지? 결국 우리에게 적절한 혈액의 pH를 유지하지 못해 병에 걸리게 되는 거야.

정신적 충격이나 공황 장애와 같이 심리적인 불안이 너무 큰

나머지 호흡이 빨라져서 혈액의 pH가 증가하는 경우도 있어. 이런 경우, 우리 몸은 호흡을 느리게 만들기 위해 기절하는 반응을 보이기도 해. 호흡이 가빠져 힘들어하는 사람이 있다면 종이 봉투를 입에 대고 숨을 쉬게 하는 응급 조치를 하면 도움이 돼. 종이 봉투로 내쉰 이산화탄소를 다시 흡입하게 해서 의식을 잃고 쓰러지는 걸 막을 수 있어.

반대로 호흡이 너무 느려지면 혈액의 pH는 어떻게 변할까? 이때는 혈액 속의 이산화탄소가 너무 많아져서 산성으로 변해. 실제로 천식 환자나 폐 질환을 가진 사람들은 호흡이 제대로 일어나지 않아서 혈액의 pH가 감소하기도 해. 이럴 때는 인공호흡기를 사용한 치료가 필요해. 호흡 속도가 정상으로 돌아오면 혈액 속 이산화탄소의 양이 줄면서 혈액의 pH도 정상으로 돌아와.

이처럼 우리 몸속을 흐르는 피는 산과 염기의 균형을 이루며 적절한 pH 값을 유지하고 있어. 몸이 최상의 상태에서 건강하게 잘 작동할 수 있도록 말이야.

산과 염기를 알면 건강이 보여

산과 염기를 알면 건강을 지키는 데도 도움이 돼. 몸의 적당한

pH를 유지하고 산과 염기의 공격으로부터 우리 몸을 지킬 방법을 찾을 수 있기 때문이야.

우선 음식 먹는 습관을 생각해 볼까? 간식을 자주 먹으면 입안을 산성으로 만들기 쉬워. 그래서 식사 때 제대로 먹고 양치를 한 후에는 가능한 간식을 먹지 않는 게 좋아. 그게 힘들다면 달콤한 간식을 먹거나 탄산 음료를 마신 후에는 꼭 입안을 헹구는 습관을 만들어 봐. 오래도록 건강한 치아를 유지할 수 있어.

과식이나 자극적인 음식 섭취도 삼가하는 게 좋아. 배가 부른데도 계속 음식을 먹어 과식을 하게 되면 위액의 분비량이 많아져. 강한 산성을 띠는 위액의 염산은 음식 소화에 꼭 필요한 것이기는 하지만 지나치면 오히려 우리 몸의 장기에 손상을 입히게 돼. 자극적인 음식이나 과식으로 너무 많은 양의 위액이 나오면 뮤신 보호막을 손상시켜 위벽이 헐거나 짓무르게 되기 쉬워. 매운 음식을 먹고 나서 속이 쓰리고 콕콕 쑤시듯 아픈 느낌이 바로 산이 위를 공격하기 때문에 일어나는 현상이야. 심해지면 위염이나

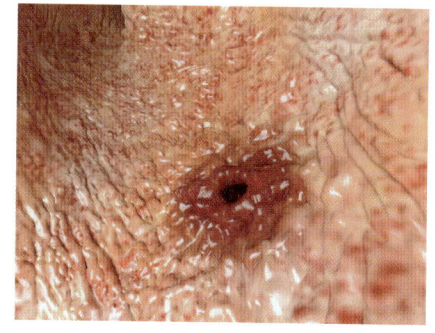

위궤양의 초기 모습이다. 강한 산성에 견딜 수 있도록 염기성 점액이 덮고 있어야 할 위벽이 손상되어 갈라져 염증이 생겼다.

속 쓰림 잡는 중화 반응

위산이 너무 많이 분비되면 위벽이 상처를 입어서 속이 쓰릴 때가 많다. 속 쓰림을 막으려면 어떻게 하면 될까? 위산이 산성이니 약한 염기성 물질을 먹어 주면 된다. 강한 염기성 물질은 단백질을 녹여서 위험하니까 약한 염기성 물질이어야 한다. 그럴 때 먹는 게 바로 제산제이다. 위산의 분비를 억제하거나 위산을 중화시켜 주는 약이다.

흔히 볼 수 있는 액체 제산제이다. 이것을 복용하면 속 쓰림이나 위염을 일으키는 위액의 산성도를 감소시킬 수 있다.

위궤양과 같은 병에 걸려 고생할 테니 자극적인 음식이나 지나친 과식은 피하는 게 좋겠지?

피부를 건강하게 유지하는 것도 산성도와 관련이 있어. 건강한 피부는 pH 5.5 정도의 약한 산성이어야 해. 그래야 외부에서 세균이 침입하는 것을 막을 수 있거든.

피부는 적정량의 지방을 분비해서 피부의 산성도를 유지해. 피부에서 분비된 지방 성분은 피부나 머리카락의 표면에 지방으로 된 막을 형성해서 안을 촉촉하게 보호해 줘. 그런데 이 보호막이 무너지면 세균이 번식하면서 여드름이 나는 등의 문제가 생기게 돼. 보통 지방이 많이 분비되는 지성 피부는 산성에 가깝고, 지방

요즘에는 중성 비누나 약산성 샴푸처럼 피부의 산성도를 고려한 제품들도 많이 나오고 있다.

이 많이 분비되지 않는 건성 피부는 염기성에 가깝다고 해.

그럼 피부의 산성도를 유지하려면 어떻게 해야 할까? 세안을 할 때 사용하는 비누는 대부분 염기성이야. 그래서 비누로 씻고 나면 피부는 염기성으로 변해. 건강한 피부라면 저절로 다시 지방이 분비되어 보호막을 갖추겠지만, 로션과 같은 화장품의 도움을 받는 것도 좋아. 로션 같은 화장품은 약한 산성을 띠고 있어서 피부 위에 쌓인 노폐물과 함께 지방으로 된 보호막까지 씻겨 나간 피부를 원래 상태로 되돌려 주는 역할을 해.

우리 몸에는 이미 적절한 값의 pH를 유지하도록 정교한 장치

대표적인 알칼리성 식품인 브로콜리, 샐러리, 오이, 붉은 피망, 시금치, 케일, 아보카도 같은 채소와 과일은 칼로리가 낮고 무기 염류와 섬유질이 많아 건강 식품으로 장려된다.

가 갖추어져 있어. 이런 장치들이 제대로 작동하려면 몸에 필요한 여러 가지 영양소가 골고루 필요해. 그래야만 몸에 필요한 산과 염기를 알맞게 만들어 내고, 균형을 유지할 수 있기 때문이야.

쌀이나 밀가루 같은 곡물, 고기나 생선 같은 동물성 지방에 치우친 식사 대신 싱싱한 제철 채소와 과일을 즐겨 먹는 습관만 있어도 건강과 피부를 위해 충분하다는 말씀! 결국 우리가 먹고 마시고 숨 쉬는 모든 순간에 우리 몸속에서는 산과 염기가 제 역할을 하며 건강을 유지하기 위해 작동하고 있다는 거야.

우리 몸의 산과 염기

우리 몸의 산과 염기

우리의 몸은 각 기능에 따라 알맞은 pH를 유지하며 건강을 지킨다.

1. 소화 기관

우리 몸의 소화 기관은 각 부위의 기능에 맞게 적당한 산성도를 유지하며 우리가 먹은 음식물을 소화시켜 준다.

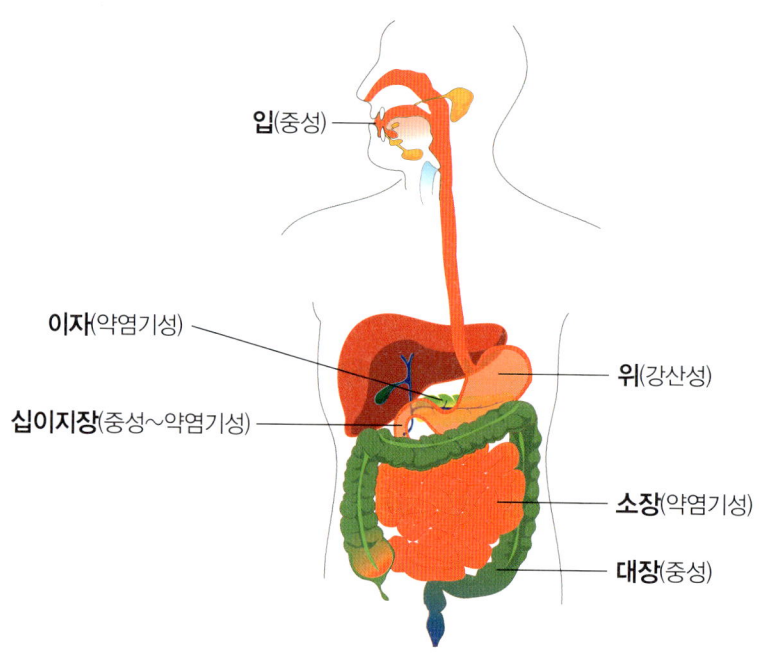

1) **입안:** 침은 중성이다. 침에는 아밀레이스라는 소화 효소가 들어 있는데, 이 소화 효소는 중성일 때만 제 역할을 할 수 있기 때문이다. 하지만 입안의 산성도가 늘 중성인 것은 아니다. 음식을 먹을 때, 다 먹고 난 뒤, 양치질을 하고 난 뒤 등 때에 따라 입속 산성도가 다르다.

2) **위:** 위액에는 소화 효소뿐 아니라 강한 산성을 띠는 염산이 들어 있다. 위 안은 pH 2 정도의 산성을 유지하는데, 입안과 비교하면 무려 10만 배나 수소 이온이 많다. 위의 산성은 음식물이 부패하지 않도록 막아 준다.

3) **소장:** 위액과 뒤죽박죽 섞인 채 십이지장으로 들어온 음식물은 강한 산성을 띠고 있어서, 십이지장에서는 염기성 물질을 분비해 위산을 중화시킨다. 또 십이지장의 중간쯤에는 간에서 만들어진 쓸개즙과 이자에서 만들어진 이자액이 흘러들어 오는 구멍이 있는데, 쓸개즙과 이자액도 약한 염기성을 띠고 있다. 이런 이유로 소장은 약한 염기성을 띤다.

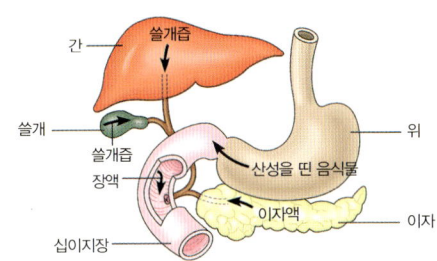

4) **대장:** 대장에 살고 있는 세균인 대장균의 활동은 주로 산성 물질을 만들어 내지만, 어떤 음식을 먹었느냐에 따라 때로는 염기성 물질을 만들어 내기도 한다. 그래서 대장은 보통은 중성에 가깝지만, 상황에 따라 산성도가 달라진다.

2. 혈액

혈액의 pH는 7.4 정도로 약한 염기성이다. 우리 몸은 다른 물질들이 혈액 속에 녹아들어 혈액의 pH를 바꾸어 놓지 않도록 신속하게 대응한다. 탄산은 폐에서 이산화탄소의 형태로 바꾸어 몸 밖으로 내보내고, 황산이나 인산은 신장에서 오줌으로 만들어 내보내는 식이다. 즉 폐로 호흡을 적당하게 유지하는 것과 신장에서 노폐물을 적절하게 걸러 내어 오줌으로 배설하는 것은 혈액의 산과 염기를 적절히 조절하는 데 있어 아주 중요한 일이다.

3. 피부

건강한 피부는 pH 5.5 정도의 약한 산성을 띤다. 그래야 외부에서 세균이 침입하는 것을 막을 수 있기 때문이다. 피부는 적정량의 지방을 분비해서 피부의 산성도를 유지한다. 우리 몸에는 이미 적절한 값의 pH를 유지하도록 정교한 장치가 갖추어져 있다. 그러므로 이런 장치들이 제대로 작동하도록 몸에 필요한 영양소를 골고루 섭취하는 것이 곧 피부 건강을 위한 일이다.

생각이 크는 숲

배에 뚫린 구멍으로 위 속을 보다

1822년, 미국 미시건 주의 한 마을에서 총기 사고가 났다. 잘못 발사된 총알은 18세의 청년 마르탱의 옆구리에 커다란 상처를 남겼다. 청년을 치료했던 의사 보몬트는 배에 난 커다란 구멍을 보며 마르탱이 살아남을 수 없을 거라고 생각했다.

그러나 마르탱은 기적적으로 몸이 회복되기 시작했다. 손바닥 크기보다 컸던 구멍은 지름 6센티미터 정도로 작아졌다. 하지만 여전히 배에는 구멍이 뚫려 있는 채였다! 때로는 그 구멍으로 마르탱이 먹은 음식물이 미처 소화되지 못한 채 흘러나오기도 했다.

위의 기능을 처음 밝혀낸 의사
윌리엄 보몬트(1785~1853)

마르탱의 몸이 어느 정도 회복되어 건강을 되찾을 무렵, 구멍을 덮을 수 있을 만큼 위벽 조직이 생겼다. 하지만 구멍이 완전히 닫힌 것은 아니었다. 상처를 덮는 뚜껑 모양의 조직을 손가락으로 밀면 위의 내부까지 손가락이 들어갈 수 있는 상태였다.

"이건 위의 역할에 대해 알려 줄 너무 훌륭한 실험 재료야!"

호기심 많았던 보몬트는 위 속을 자세히 관찰하며, 위의 역할을 알아내기 위한 실험을 시작했다. 쇠고기, 양배추 같은 음식물을 실에 매달아 배에 뚫

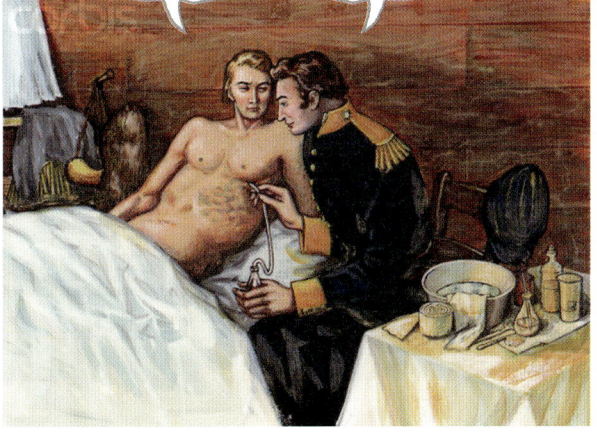

보몬트가 마르탱의 위를 관찰한 것은 사상 최초로 인간의 소화 작용을 인간이 눈으로 확인한 사건이다.

린 구멍에 넣어 보는 괴상한 실험이었다. 구멍에 호스까지 꽂아 위 속 음식물의 변화를 관찰한 결과, 보몬트는 위 속에 신맛을 가진 점액이 있음을 알아냈다. 또한 위에 넣은 소고기가 흐물흐물하게 변하는 것을 보며 위액 속의 염산이 단백질의 소화가 일어나기 쉬운 환경을 만들어 준다는 사실도 밝혀냈다.

당시까지만 해도 사람들은 위액이 위에 고인 침이라고 생각하고 있었다. 실험 과정이 엽기적으로 보이기도 하지만, 몸속 소화 과정에 대해 전혀 몰랐던 시기, 보몬트의 실험은 처음으로 위액과 위의 소화에 대해 밝혀낸 놀라운 발견이었다.

우리 몸의 산과 염기

5 산과 염기를 이용해

산과 염기는 실험실에서보다 우리 일상생활에서 더 많이 쓰여.
요리할 때, 파마할 때, 청소할 때는 물론이고
산과 염기가 없다면 오늘날 우리가 사용하는
많은 생활용품들을 구경조차 못했을 거야.
산과 염기를 이용한 다양한 사례들을 함께 살펴볼까?

건물도 지어야지…

청소도 해야지…

식초에 빠진 음식

음식의 맛을 더하는 케첩, 마요네즈, 머스터드 같은 소스의 공통점이 뭘까? 맞아, 이것들은 모두 약간 시큼한 맛이 나. 모두 식초를 이용해 만든 음식이라 그래.

식초는 일상생활에서 가장 쉽게 접할 수 있는 대표적인 산이야. 과일이나 곡식을 발효시키는 과정에서 저절로 식초가 얻어지기 때문에 동서양을 막론하고 아주 오랫동안 요리에 사용되어 왔어. 게다가 식초는 거의 모든 소스에 들어가 있어. 도대체 식초가 들어가면 어떤 좋은 점이 있는 걸까?

식초는 신맛을 낼 뿐 아니라, 음식을 부패시키고 우리 몸에 질병을 일으키는 대부분의 병원균을 처리하는 살균 작용을 해. 그

식초에 절이면 채소를 오랫동안 저장해 놓고 먹을 수 있다.

과일의 신맛, 과일마다 다르다?

자두, 레몬처럼 신맛이 강한 과일은 상상만 해도 침이 고인다. 이런 과일 속에는 당연히 산이 들어 있다. 그런데 각각의 과일마다 신맛이 모두 다른 이유는 무엇일까? 그것은 과일 속에 포함된 산의 종류가 제각각 다르기 때문이다. 오렌지나 레몬 같은 과일에는 시트르산(구연산), 덜 익은 사과나 복숭아에는 말산(사과산), 포도에는 떫은맛을 띠는 신맛의 타타르산(포도산)이 들어 있다.

래서 식초에 담근 식품은 오랫동안 보존이 가능해. 오이 피클, 양파나 마늘장아찌, 쌈무 같은 초절임 음식들이 그 예야. 초절임이 뭐냐고? 말 그대로 식초에 절였다는 뜻인데, 식초의 살균력을 이용해 채소를 오래 저장할 수 있도록 만든 거야.

식초 말고도 음식에는 다양한 산이 들어 있어서, 독특한 신맛으로 입맛을 자극해. 과일처럼 천연 그대로의 산을 가지고 있는 경우도 있고, 발효 과정에서 생기는 산 때문에 더 맛있어지는 음식도 있어. 바로 김치나 요구르트 같은 발효 식품이 그래.

김치가 가장 맛있는 때가 김치 속에 들어 있는 유산균이 가장 활발하게 번식해서 젖산의 양이 가장 많아질 때라는 거, 아니? 유산균이 만들어 낸 젖산은 김치 특유의 상큼한 맛을 낼 뿐 아니

유산균 대결, 김치 vs 요구르트

발효 식품 속의 유산균이 건강에 도움이 된다는 사실이 알려지면서 김치와 요구르트 중 어느 것이 더 유산균이 많은지가 관심의 대상이 되었다.

시중에서 판매되는 유산균 음료는 크게 발효유와 농후 발효유로 나눌 수 있다. 살구색 액체를 작은 병에 담아 판매하는 것이 발효유이고, 희고 걸쭉한 액체를 떠먹을 수 있도록 컵에 담아 판매하는 것이 농후 발효유이다. 발효유에는 1mL당 1천만 마리 이상의 유산균이 들어 있고, 농후 발효유는 1mL당 1억 마리 이상의 유산균이 들어 있다.

그럼 김치는 어떨까? 발효 정도에 따라 유산균 수의 차이가 있지만, 잘 익은 김치 국물에는 1mL당 수억 마리의 유산균이 존재한다고 한다. 수로만 따지면 김치의 유산균이 상대적으로 많지만, 국물이 아닌 김치 자체에 붙어 있는 유산균 수는 다를 수 있고 발효가 진행된 정도에 따라서도 차이가 있다. 어쨌거나 모두 몸에 좋은 발효 식품인 것만은 분명하다.

발효유 1mL당
유산균 1천만 마리 이상

농후 발효유 1mL당
유산균 1억 마리 이상

김치 국물 1mL당
유산균 수억 마리

라 소화 기관인 장 건강에 큰 도움을 주어서 면역력을 강화하고 암을 예방하는 효과까지 있다고 해.

하지만 시간이 흐르면 유산균이 만들어 낸 젖산보다 아세트산이 많아지면서 김치가 시어져. 신 김치는 사실 유산균이 거의 없는데, 산성이 너무 강해지면 유산균도 다 죽기 때문이야.

쓴맛의 염기, 먹을까 말까

 그럼 염기를 이용한 음식은 뭐가 있을까? 가장 대표적인 것은 과자나 빵을 부풀릴 때 쓰는 베이킹 소다야. 베이킹 소다에 열을 가했을 때 이산화탄소 기체가 발생하는 성질을 이용해서 과자나 빵을 부풀리는 거지. 뽑기의 달콤 쌉싸름한 맛, 기억하지?

 이렇게 염기는 보통 쌉쌀한 맛을 내지만, 약한 염기로 인해 독특한 풍미를 가지는 음식도 있어. '홍어'라는 물고기, 혹시 아니? 보통 생선의 표면에는 아민이라는 염기성 물질이 있어. 이 아민 때문에 생선 비린내가 나는 거야. 생선살의 단백질은 시간이 지나면서 부패균에 의해 분해되고, 점점 더 많은 아민이 생겨서 비린내가 심해지지.

 그런데 홍어는 다른 생선과 달리 살에 요소라는 성분이 많은 편이야. 그래서 상온에 보관하다 보면 피부의 박테리아들이 요소를 분해시켜 암모니아와 이산화탄소를 만들면서 발효가 진행돼. 그 결과 아주 독특한 냄새를 풍

홍어

식물의 무기, 쓴맛의 카페인

커피나 차, 초콜릿 같은 음식에 포함된 카페인도 염기이다. 물론 쓴맛을 낸다. 그런데 이 카페인이 사실은 식물이 만들어 낸 무기라는 것은 모르는 사람이 많을 것이다.

식물의 잎이나 열매가 카페인을 함유하고 있으면 맛이 써서 벌레들이 먹으려고 하지 않는다. 해충이나 균으로부터 공격을 당했을 때도 식물은 스스로를 보호하기 위해 카페인을 분출한다. 카페인이 포함된 식물을 먹은 벌레는 신경계에 문제가 생겨 이상 행동을 보이거나 심하면 죽게 된다. 아래 사진은 카페인이 작은 곤충이나 벌레에게 얼마나 치명적인지 잘 보여 준다.

그렇다면 커피나 차, 초콜릿 속의 카페인을 일상적으로 섭취하는 사람은 괜찮은 걸까? 물론 카페인이 포함된 찻잎이나 커피콩을 주식으로 먹는다면, 치명적인 문제가 생길 수 있다. 실제로 카페인 10g은 사람을 죽일 수 있는 독성을 지녔다고 한다. 커피로 따지면 약 70~100잔 정도의 양이다. 하지만, 커피나 차를 마시는 동안에도 카페인은 우리 몸에서 조금씩 분해되어 배출된다고 하니 죽을까 봐 걱정할 필요는 없다.

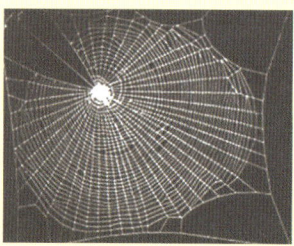 

정상 거미(왼쪽)와 달리 카페인을 섭취한 거미(오른쪽)는 제대로 된 거미집을 만들지 못한다.

기는데, 이게 바로 대표적인 염기 중 하나인 암모니아의 냄새야.

이렇게 발효시킨 홍어를 삭힌 홍어라고 하는데, 코끝을 자극하는 알싸한 향과 독특한 맛으로 유명해. 처음 먹을 땐 암모니아 냄새와 자극적인 느낌 때문에 먹기가 쉽지 않지만, 홍어를 즐기는 사람들은 그 맛에 몹시 매력을 느껴 중독성이 있다고까지 얘기해.

냄새나는 청국장

청국장의 독특하게 고리고리한 냄새도 암모니아 때문이다. 청국장은 콩을 발효시켜 만드는데, 콩 단백질이 분해되면서 암모니아 기체가 만들어진다. 청국장을 좋아하지 않는 사람들에게는 반갑지 않은 냄새겠지만, 염기성을 띠므로 잡균의 번식을 막아 주는 효과가 있어 몸에는 이롭다고 한다.

콩을 발효시켜 만든 청국장

비타민 C도 산이다!

음식에 포함된 산과 염기 중에는 우리 몸에 꼭 필요한 역할을 하는 것도 있어. 바로 비타민 C라고도 알려진 아스코르브산이야. 산의 한 종류라는 건 이름만 봐도 알겠지?

오늘날에는 비타민 C가 누구나 쉽게 먹을 수 있는 음료나 영양제로 많이 나와 있지만, 비타민 C가 발견되고 널리 알려지기까지는 참 우여곡절이 많았어.

1734년 여름, 세계에서 가장 큰 섬 그린란드 주위를 항해 중이던 영국의 배에서 일어난 일이야. 선원 한 명이 괴혈병에 걸려 괴로워하고 있었어. 다리가 퉁퉁 부어 걸을 수조차 없었어.

괴혈병은 혈관이 약해져서 잇몸이나 피부에서 피가 나는 것에서 시작해, 약해진 잇몸에서 치아가 빠지거나 피부 세포가 죽어 썩어가는 등의 증상을 가진 무서운 질병이야. 배를 타고 장기간 항해를 하던 선원들 중에는 괴혈병에 걸려 목숨을 잃은 사람이 정말 많았어. 게다가 당시에는 원인조차 밝혀지지 않은 상태였으니 괴혈병은 그야말로 공포의 대상이었어.

괴로워하는 선원을 지켜보는 동료들도 힘들었을 거야. 하지만 다른 사람들에게까지 공포의 괴혈병이 전염될까 봐 결국 선장은 환자를 대서양의 외딴 섬에 버려두고 떠나. 홀로 섬에 버려진 선원은 주위의 풀을 뜯어 먹으면서 목숨을 이어갔어. 그런데 이게 웬일이야? 선원이 건강을 회복하는 기적 같은 일이 벌어진 거야. 건강을 회복한 선원은 근처를 지나던 배를 얻어 타고 고향으로 돌아갔어. 돌아온 그를 본 동료들은 마치 죽었던 사람이 되돌아온 것처럼 깜짝 놀랐지.

당시 영국 해군의 군의관이었던 제임스 린드는 이 사건에 주목했어. 그는 풀만 먹었을 뿐인데 괴혈병이 나은 선원을 보고 그 풀 속에 포함된 무엇인가가 괴혈병을 낫게 한 거라고 생각했어. 그래서 린드는 여러 가지 식물을 선원들에게 먹인 다음 괴혈병에 걸리는지 안 걸리는지 살펴봤어. 그리고 수차례의 실험 끝에 채소나 레몬즙을 먹으면 괴혈병을 예방할 수 있다는 걸 밝혀내.

이것이 바로 역사상 최초로 '비타민'이라는 영양소를 발견하게 된 사건이야.

비타민 C는 신선한 채소나 과일에 많이 포함되어 있어서, 평상 시 균형 잡힌 식사만 잘 해도 아무 문제가 없어. 하지만 당시 선원들에게 유독 괴혈병이 많았던 건 몇 달씩 이어지는 긴 항해 동안 신선한 채소나 과일을 먹기 어려웠기 때문이었어. 괴혈병에 신음했던 선원이 뜯어 먹은 풀 속의 비타민 C가 그를 살렸던 거야.

제임스 린드(1716~1794) 기념 우표. 해군이나 선원들에게 레몬이나 라임 같은 비타민 C가 풍부한 과일을 권한 사실이 그려져 있다.

왜 비타민 C가 부족하면 괴혈병이 생길까?

비타민 C는 우리 몸을 구성하는 물질 중 콜라겐이 만들어지는 과정에 보조 효소로 작용한다. 비타민 C가 없으면 콜라겐이 만들어지지 않는다. 콜라겐은 세포와 세포 사이를 연결하는 접착제이기도 하고, 뼈와 혈관, 근육은 물론 피부나 점막의 형성에도 중요한 물질이다. 콜라겐이 피부를 탄력 있게 해 준다는 이야기를 화장품 광고에서 심심찮게 볼 수 있는 것은 이런 이유 때문이다. 한편 콜라겐이 부족하면 상처가 잘 아물지 않고 힘줄이나 피부가 약해지며, 탄력을 잃는 등의 증상이 나타나게 된다. 또 혈관의 세포 결합이 느슨해지면서 출혈이 쉽게 일어나게 되는데 이로 인해 괴혈병이 생기는 것이다.

비타민 C는 활성 산소를 제거하는 항산화제로도 잘 알려져 있어. 활성 산소는 세포 구조를 손상시키고 생리적 기능을 저하시키는 독성 물질로 각종 질병과 노화의 원인이기도 해. 그런데 비타민 C가 온몸을 바삐 다니면서 활성 산소를 제거해 암이나 동맥 경화 같은 질병을 예방해 주고, 면역력을 높이도록 도와준다는 거야. 뿐만 아니라 피로 회복, 스트레스 해소, 감기 치료 등에도 효과가 있다고 해. 꼭 만병통치약 같지?

하지만 자연 그대로의 채소나 과일이 아닌 약품의 형태로 비타민 C를 지나치게 많이 섭취하면 오히려 몸에 안 좋은 경우도 있다고 하니 적절한 양을 먹는 것이 좋아.

파마의 유래

자연스럽고 부드럽게 컬이 생긴 머리카락은 그 사람의 분위기마저 바꾸어 놓아. 그래서 사람들은 멋을 내거나 기분 전환을 하고 싶을 때 파마를 하곤 하나 봐. 그런데 파마를 할 때 염기가 중요한 역할을 해.

머리카락에 컬을 만들어 주는 건 고대 이집트에서부터 시작되었어. 그때는 알칼리성 진흙을 머리카락에 바르고 막대기에 감아 고정시킨 뒤 태양열로 건조시켜 컬을 만들었어. 이게 다 마르려면 하루 종일 걸렸다니 거의 고문이었을 거야.

그런데 알칼리성 진흙을 바른 건 오늘날의 파마 원리와도 매우 비슷해. 파마는 염기성 약품으로 머리카락의 단백질 결합을 끊어야만 가능하니까 말이야.

그리스나 로마에서도 아름다움을 위해 파마를 했다는 기록이 남아 있어. 뜨겁게 달군 인두나 다리미 같은 걸로 컬을 만들었대. 오늘날의 고데기처럼 말이지.

오늘날과 같은 형태의 파마가 발명된 건 1906년의 일이야. 독일인 미용사였던 카를 네슬러는 1896년부터 파마 방법을 고민하고 실험했어.

처음엔 소의 오줌과 물을 섞어서 썼다고 해. 아마 소의 오줌에 포함된 암모니아 성분은 염기니까, 머리카락을 이루는 단백질을 부드럽게 만들어 줄 수 있었을 거야. 하지만 누가 소 오줌을 머리카락에 바르고 싶었겠어? 네슬러는 10년 넘게 수차례 실험을 거듭했고, 오랜 연구 끝에 '가성 소다'라고도 부르는 수산화 나트륨

카를 네슬러의 파마 광고

이 파마에 적당하다는 결론을 얻게 돼. 그리고 열을 가하는 거대한 기계도 함께 만들었지.

  머리카락은 사슬 모양으로 결합된 케라틴 단백질로 이루어져 있는데, 이 결합을 끊어 주는 것이 바로 수산화 나트륨 같은 염기야. 네슬러가 사용한 수산화 나트륨은 가성 소다라고도 불러. 단백질을 녹여 막힌 하수구를 뚫어 줄 만큼 강한 염기였던 거, 기억하지? 염기성이 강한 만큼 머리카락의 단백질 구조를 확실하게 끊어 줄 수는 있겠지만, 이렇게 강한 염기를 머리카락에 사용하다니 살짝 겁이 나기도 해. 아무튼 결합이 끊긴 머리카락은 부드럽게 부풀어 오른 상태가 돼. 이때 적당히 컬을 만들어 열을 가하고 고정시키면 파마가 완성되는 거야.

우리나라에서는 언제부터 파마를 했을까?

우리나라에는 일제 강점기였던 1935년 후반 일본에서 파마 기계를 들여오면서부터 파마를 하기 시작했다. 당시 여성들은 대부분 머리를 땋거나 쪽을 지어 올리는 스타일이 많았는데, 파마가 소개되자 장안의 내노라하는 여성들이 찾아와 파마를 했다고 한다. 파마 값은 당시 금가락지 하나 값과 비슷할 정도로 비쌌다고 한다.

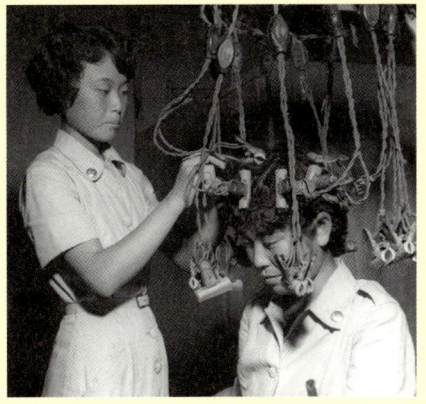

1960년대의 파마 기계

석회로 만든 시멘트

날아갈 듯 날렵하면서도 웅장한 느낌, 우리의 멋을 간직한 한옥의 처마는 하나의 예술 작품처럼 보이기도 해. 한 장 한 장 기왓장을 이어간 지붕을 보면 장인들의 손길이 느껴져. 그런데 이 기와를 붙일 때도 염기가 쓰인다는 거, 아니?

기와를 이어 붙일 땐 석회와 흙을 개어 사용하는데, 이 석회가 바로 염기야. 보통 석회라고 하면 산화 칼슘과 수산화 칼슘을 의미하는데, 이 두 물질이 모두 염기성을 띠고 있어.

석회는 자연계에서 석회암의 형태로 존재해. 산이 석회암이나

기와를 솜씨 있게 붙여야 아름다운 처마 모양이 나온다고 한다.

대리석 같은 돌을 녹일 수 있다는 이야기 기억나지? 그 석회암을 구워서 얻은 석회를 물에 개어서 기와 사이에 바르면, 이것이 굳으면서 공기 중의 이산화탄소를 흡수해 다시 단단한 돌처럼 변해. 기왓장 사이에서 강력한 접착제의 역할을 한다고나 할까?

석회처럼 물질과 물질을 접착하는 재료를 통틀어서 시멘트라고 해. 먼 옛날 피라미드를 쌓을 때부터 인류가 사용해 온 접착제인 석회는 고대부터 사용해 온 시멘트라고 할 수 있어.

석회는 기와나 돌을 접착하는 작용을 하지만, 강도가 약해 잘 깨지는 단점이 있었어. 이런 단점을 보완하기 위해 현대의 시멘트는 석회석에 점토를 혼합한 원료를 구워서 만들어.

이집트의 피라미드는 석회로 돌 사이의 틈을 메워 만들었다.

산과 염기로 청소하기

 볼일도 보기 싫을 만큼 냄새 나고 더러운 화장실, 생각만 해도 기분이 나빠. 욕실 하수구에 머리카락이 끼어 물이 잘 빠지지 않을 때도 참 난처하지. 이럴 때 우리는 청소용 세제를 사용하는데, 이런 청소용 세제들은 산과 염기의 특성을 활용하고 있어.

 사람들은 화장실 청소를 할 때면 산을 이용해 왔어. 소변 찌꺼기가 누렇게 굳으면 솔로 싹싹 문질러 닦아도 잘 지워지지 않아. 그래서 이럴 때는 염산을 사용해. 강한 산성 때문에 염기성인 소변 찌꺼기가 녹아 깔끔하게 사라지거든. 또 소변의 지린내도 암

변기에 콜라를?

마시다 남은 김빠진 콜라가 그냥 버리긴 아깝고 마시기엔 맛이 없다면? 콜라의 산성을 이용해 변기를 닦아 보자. 남은 콜라를 변기에 부어 두고 한 시간쯤 지난 후에 물을 내리면 끝! 누렇게 찌든 때가 산에 녹아 흔적 없이 사라진다.

모니아처럼 염기성 물질이기 때문에, 염산으로 화장실을 소독하면 지독한 악취까지 없앨 수 있어.

1980년대만 해도 염산은 가정에서 타일의 묵은 때를 지우고 화장실을 청소하는 데 유용하게 쓰였지만, 최근에는 수질 오염이나 토양 오염 등의 문제 때문에 잘 사용하지 않는 편이야.

하얗게 굳은 물때도 산성 세제로 지울 수 있어. 수돗물이나 지하수에 녹아 있는 칼슘 이온은 공기 중의 이산화탄소가 녹아 만들어진 탄산 이온과 결합하면 탄산 칼슘 성분의 물때가 돼. 탄산 칼슘은 돌처럼 단단하게 굳어서 보통의 방법으로는 잘 닦이지 않아. 이럴 때도 산성 세제를 사용하면 물때를 쉽게 제거할 수 있어.

반면 염기의 성질을 이용한 세제도 많아. 대표적인 것이 비누나 락스야. 염기는 지방을 분해하고 단백질을 녹이는 성질을 가지고 있어서 물만으로는 씻기지 않는 때까지 깔끔하게 씻어 내.

옷을 세탁하는 세탁용 소다나 빨래용 세제도 그래. 옷을 입다 보면 피부의 각질이나 피지 성분이 묻으면서 지저분해지는데 이런 단백질과 기름때를 없애는 데는 염기만한 게 없어.

이런 염기의 성질을 가장 잘 이용한 건 하수구 세척제야. 하수구에 머리카락이 뭉쳐 물이 잘 빠지지 않을 때 '뻥!' 뚫어 주는 세제 말이야. 하수구 세척제에는 주로 수산화 나트륨과 같은 강한 염기가 들어 있는데, 이건 피부에 닿으면 아주 위험하기 때문에 꼭 장갑을 끼고 사용해야 해. 암모니아도 유리에 묻은 손자국 같은 간단한 기름때를 지우는 데 쓰여. 수산화 나트륨보다는 약하지만 손에 닿아도 크게 해가 없어 안심하고 사용할 수 있는 장점이 있어.

오줌으로 빨래하기

조선 시대 부녀자들의 생활 지침서인 『규합총서』에는 우리 조상들이 기름에 찌든 옷을 빨기 위해 오줌으로 세탁을 했다는 기록이 전해 온다. 오줌에 들어 있는 염기성 물질인 암모니아 성분이 기름때를 지우는 데 효과가 있음을 경험을 통해 알고 있었던 것이다.

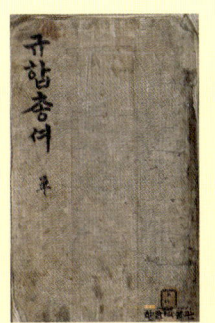

> 활동

양배추 지시약으로 나만의 예쁜 꽃 만들기

리트머스 종이는 리트머스이끼로 만들었다. 리트머스이끼 말고도 장미꽃, 나팔꽃, 보라색 양배추 등에 들어 있는 색소는 산성과 염기성 용액에서 각각 다른 색깔을 나타내 지시약으로 이용할 수 있다. 보라색 양배추가 산성 용액에서는 붉은색으로, 염기성 용액에서는 푸른색으로 변하는 성질을 이용하여 나만의 예쁜 꽃을 만들어 보자.

준비물: 보라색 양배추, 습자지, 꽃철사, 여러 가지 용액(식초, 이온 음료, 베이킹 소다 등)

1. 보라색 양배추를 잘게 잘라 뜨거운 물을 넣는다. 뜨거운 물이 식을 때까지 약 1시간가량 실온에 놓아둔다.

2. 충분히 색이 우러나면 양배추 지시약이 완성된 것이다. (지시약이 추출되고 난 후의 양배추는 붉은 색소가 대부분 빠져나가 색이 옅어진다.)

3. 양배추 지시약은 스프레이 통에 담아 준비한다.

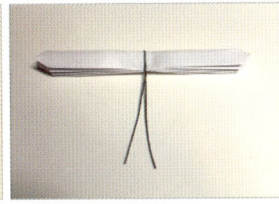

4. 습자지를 4장 겹쳐 1센티미터 간격으로 지그재그 접는다.

5. 중앙을 접어 꽃철사로 고정하고, 습자지의 양쪽 끝을 뾰족하게 자른다.

6. 습자지를 부채꼴 모양으로 펼친다.

7. 중앙부터 한 겹씩 펼쳐 올려서 꽃잎 모양을 만든다.

8. 완성된 꽃과 만들어 둔 양배추 지시약을 준비한다.

9. 완성된 꽃에 양배추 지시약을 전체적으로 가볍게 뿌린 뒤 말린다.

10. 선명한 색을 보려면 양배추 지시약을 뿌리고 말리는 과정을 여러 번 반복한다. (위 사진은 이 과정을 3회 반복한 것이다.)

11. 양배추 지시약이 완전히 마른 뒤 식초를 뿌려 색의 변화를 관찰한다. 붉은색으로 변하는 것을 볼 수 있다.

12. 다양한 산성 또는 염기성 용액을 뿌려 나만의 꽃을 만든다. (붉은색은 식초, 청록색은 소다 용액, 보라색은 아무것도 뿌리지 않은 것이다.)

생각이 크는 숲

황사가 이롭다?

"오늘은 전국적인 황사의 영향으로 미세 먼지 농도가 높게 나타나고 있습니다. 외출을 자제하시고, 외출 시 황사 마스크를 준비하는 등 각별한 주의가 필요합니다."

봄철이면 쉽게 들을 수 있는 말이다.

중국이나 몽골 지역의 사막 같은 곳에서 발생한 미세한 흙먼지를 황사라고 한다. 자연적으로 발생하지만, 최근의 황사는 중국의 대기 오염 물질까지 잔뜩 포함되어 있어 심각한 문제가 되고 있다.

황사는 삼국 시대부터 역사에 기록되어 왔다. 『조선왕조실록』에는 세종이 왕으로 있던 1430년, 강원도에 황사가 심해 세종이 걱정을 했다는 기록이 있다. 성종 때인 1470년에도 황사로 인해 충청도와 경상도, 전라도에 흙비가 내렸다는 기록이 있다.

그런데 기록 내용이 의아하다. 왕의 걱정에 신하들이 풍년이 들 좋은 징조라고 답하는 것이다. 황사가 우리에게 이로운 점이라도 있었던 걸까? 아니면 신하들이 뭘 제대로 모르고 한 말이었을까?

『조선왕조실록』 중 「세종실록」

이는 알고 보면 일리가 있는 이야기다. 황사의 주성분인 황토에는 염기성을 띠는 석회나 산화 마그네슘 같은 성분이 들어 있는데, 이것이 토양에 좋은 비료가 되기 때문이다.

자연 상태의 비는 이산화탄소가 녹아 산성을 띨 수밖에 없는데, 쉬지 않

황사가 있을 때의 위성 사진이다.
흙먼지 구름이 한반도를 덮고 있다.

황사로 인해 서울 하늘이 뿌옇다.

고 경작을 해 산성화된 토양에 염기성의 비료를 뿌려 중화시키면 작물이 더 잘 자라게 된다. 뿐만 아니라 최근의 연구에 따르면 황사는 지구 온난화를 늦추는 효과도 있다고 한다. 과학자들은 황사 때문에 태양빛이 사방으로 퍼지면 지표면에 도달하는 햇빛의 양이 적어져서 지구를 냉각시키는 역할을 한다고 생각하고 있다.

　폐해만 있을 것 같은 황사이지만 과학적으로 살펴보면 나름 이로운 점도 있다니, 역시 세상일은 자세히 뜯어볼 필요가 있나 보다.

6 예술로 만나는 산과 염기

사람들은 산과 염기를 이용해 예술 작품을 만들고, 오랜 세월 동안 손상된 예술 작품을 복원하곤 했어. 어떻게 했는지 같이 찾아볼까?

프레스코 벽화 다시 보기

손끝이 닿을 듯 말 듯 미묘한 느낌이 드는 이 그림은 바로 「아담의 창조」라는 그림이야. 성경에서 신이 최초의 인간 아담에게 생명을 불어넣은 장면을 표현한 거래.

미켈란젤로가 그린 「아담의 창조」

그런데 사실 「아담의 창조」는 「천지창조」라는 벽화의 일부분에 불과해. 전체 그림 한번 볼래? 어느 부분에 이 그림이 보이니? 맞아. 중앙에서 약간 오른쪽에 있어.

「천지창조」는 로마의 바티칸에 있는 시스티나 성당의 천장을 가득 채우고 있는 세계 최대의 벽화야. 크기가 무려 가로 41미터에 세로 13미터가 넘는 거대한 그림이지.

이 그림의 놀라운 점 중 하나는 천장에 그려진 프레스코 기법의 벽화라

는 거야. 프레스코는 이탈리아어로 '신선하다'라는 말인데, 벽에 석회 반죽을 바르고 반죽이 마르기 전에 그림을 그리는 방법을 말해. 이렇게 그림을 그리면 물감이 석회 반죽의 표면으로 스며들어 벽과 함께 마르면서 완전히 벽의 일부가 돼. 덕분에 그림이 오래도록 보존되는 특성이 있어.

하지만 벽이 마르기 전에 완성해야 하니까 빨리 작업해야 하고 수정도 어려워. 정말 능숙한 화가가 아니면 할 수 없는 작업이지.

게다가 석회는 대표적인 염기 중 하나야. 그러니 프레스코 기법에 사용되는 물감은 산성이면 안 돼. 염기로 된 벽에 산성 물감을 바르면 염기성인 석회와 중화 반응을 해서 색이 달라질 테니까 말이야.

미켈란젤로가 로마의 시스티나 성당 천장에 그린 세계 최대의 벽화 「천지창조」

그래서 이런 벽화에 쓰는 물감은 벽과 비슷한 성질, 그러니까 염기성을 띠고 있어야 해. 실제로 프레스코 벽화에 쓰이는 물감은 알칼리성 흙으로 만들어진 돌가루 같은 거야. 황토처럼 곱게 가루 낸 돌가루를 물에 개어 물감으로 쓰는 거지. 그러고 보면 그림도 과학 지식이 있어야 제대로 그릴 수 있는 것 같아.

프레스코 벽화는 오랫동안 색이 변하지 않아서, 당시에는 그야말로 획기적인 방법으로 여겨졌어. 하지만 세월 앞에 장사 없다고 지금까지 작품이 온전할 수는 없어. 그림이 완성된 게 16세기 르네상스 시대니까 500년이 넘은 셈이거든. 지금 우리가 보고 있는 그림은 세월의 흔적을 닦아 내어 원래의 모습으로 복원시킨

청금석에서 얻은 푸른색의 돌가루는 프레스코 작품에 쓰이는 안료가 된다. 보석류이기 때문에 매우 값이 비싸 화가들도 쉽게 사용하지 못했다고 한다.

염기성인 석회암 속에서 주로 발견되는 청금석은 선명한 푸른색으로 오랫동안 귀한 보석 대접을 받았다.

복원 전의 「천지창조」

거야.

  수많은 과학자와 미술품 복원 전문가들이 모여 함께 작업을 했지만 「천지창조」의 복원은 약 10년이나 걸릴 정도로 쉽지 않은 작업이었어. 그림이 천장에 있는데다 워낙 규모가 크니, 그럴 만도 하지?

  그런데 까다롭기로 유명한 프레스코 벽화를 저렇게나 웅장한 작품으로 그려 낸 사람은 대체 누굴까? 맞아, 르네상스 시대의 천재 예술가로 잘 알려진 미켈란젤로야.

  「천지창조」를 그리기 위해 미켈란젤로는 성당 천장 밑에 세운 작업대에 앉아 고개를 뒤로 젖힌 채 천장에 물감을 칠해 나갔어. 얼마나 오랫동안 작업을 계속했는지 목과 눈에 이상이 생길 정도였지. 건강을 잃는 한이 있

미켈란젤로(1475-1564)의 초상화

예술로 만나는 산과 염기   123

더라도 작품을 완성하려 노력한 그의 노력 덕분에 오늘날 우리가 이런 명작을 감상할 수 있는 거야.

대리석 작품과 산성비

"다윗이 걸어 나오고 있다."

방치된 채 뒹굴고 있던 거대한 대리석을 본 미켈란젤로가 벅찬 가슴으로 한 말이야. '거인'이라는 별명이 붙은 이 돌덩어리는 너무 커서 유명한 조각가들도 손을 대지 못하고 있었어. 그런데 미켈란젤로는 대리석 속에서 다윗의 모습을 본 거지.

그는 3년 동안 작업에 매달린 끝에 무려 5미터가 넘는 크기의 다비드 상을 완성했어. 한 덩어리의 거대한 돌을 다듬어 다윗이 골리앗을 향해 돌을 쥐고 막 던지려는 순간을 생생하게 표현해 낸 거야.

조각상이 완성되어 갈 무렵엔 이걸 어디에 설치할지 토론회가 열릴 만큼 온 도시가 떠들썩했어. 다비드 상은 결국 시청 앞의 시료니아 광장에 세워졌어.

하지만 광장에 세워진 대리석 조각상은 늘 그렇듯 훼손이 있을 수밖에 없었어. 300년이 넘는 시간이 흐르는 동안 다비드 상은 점점 부식되어 갔어. 귀중한 예술품에 더 손상이 가지 않도록 사람들은 다비드 상을 박물관 안으로 옮겨서 보관하기로 했어. 1873년의 일이었지. 지금은 피렌체의 아카데미아 미술관에서 이 조각상을 감상할 수 있어.

대리석, 그중에서도 순수함을 상징하는 흰색의 대리석은 그리스 로마 시대부터 조각가

미켈란젤로의 다비드 상

들의 사랑을 받아 왔어. 다른 돌보다는 좀 무르고 부드러운데다 쩍 갈라져 깨지는 일도 적은 편이었거든. 게다가 잘 다듬으면 차가운 돌이지만 따뜻한 질감을 줄 수 있다는 점도 장점이었어. 조각을 하기에 그야말로 최고의 재료였지. 그래서 오래된 조각상 중에는 대리석 작품이 유독 많은 편이야.

그런데 안타깝게도 실외에 설치된 대리석 조각상들은 세월이 흐르면서 조금씩 부식되고 있어. 산에 잘 녹는 탄산 칼슘 성분의 대리석이 산성비에 녹아 흘러내리기 때문이야. 클레오파트라의

진주나 식초에 담가 둔 달걀 껍데기를 떠올리면 무슨 말인지 이해가 될 거야.

굳이 산성비가 아니더라도, 빗물은 원래 공기 중의 이산화탄소가 녹아 들어가 탄산이 만들어져 약한 산성을 띠고 있어. 그래서 오염되지 않은 빗방울의 일반적인 pH도 5.6 정도라고 해. 그러니 아무리 청정 지역이라 해도 대리석이나 석회암 재질의 조각상이 오랫동안 야외에서 비를 맞으면 손상이 일어날 수밖에 없는 거야. 때로는 원래의 모습을 알아보기 힘들 만큼 심하게 훼손되기도 해. 지금 보면 조금 무섭기까지 한, 이 조각상들의 처음 모습이 어땠을지 상상이나 되니?

산이 만드는 예술, 에칭

이 그림은 무엇으로 어떻게 그렸을까? 세밀한 선과 음영을 봐. 펜으로 그린 것 같기도 하고, 부드러운 스펀지로 문질러 준 것 같

렘브란트(1606~1669)가 그린 「세 그루의 나무」

기도 해. 대충 보아서는 알기 어려울 만큼 멋진 그림이지만, 사실 이건 에칭이라는 방법을 사용한 판화 작품이야.

에칭은 산이 금속을 녹이는 작용을 이용해 만들어. 잘 닦은 금속판의 표면을 왁스로 코팅하고, 뾰족한 금속 바늘로 그림을 그리는 거야.

그렇게 그림이 새겨진 금속판을 산에 담가 두면, 바늘로 긁어 금속이 드러난 부분만 녹게 돼. 오랫동안 산에 담그면 선이 굵고

예술로 만나는 산과 염기   127

압축기로 압력을 가해 동판에 묻어 있는 잉크를 종이에 옮기면 판화가 완성된다.

누르는 압력의 정도에 따라 같은 판으로 찍어도 다른 느낌을 낼 수 있다.

깊게 패이고, 짧은 시간 담가 두면 가느다란 선을 표현할 수 있어. 이렇게 그림이 새겨진 금속판에 잉크를 발라 종이에 찍으면 이렇게 멋진 작품이 완성되는 거야.

금속을 이용한 판화 작품은 이전에도 있었지만, 1513년 최초로 에칭 작품이 만들어지면서 금속 판화의 새로운 시대가 열리게 돼. 에칭은 조각칼로 힘을 주어 만드는 금속 판화와 달리, 부드러운 왁스 코팅 위에 그림을 새기니까 펜으로 종이에 그림을 그린 것처럼 선이 자연스럽게 나타나는 장점이 있어. 부식 과정을 여러 번 거치면서 명암을 조절하기도 해. 덕분에 판화 작품의 표현이 더 다채로워지는 효과가 있어. 산이 금속을 녹이는 성질로 예술 세계의 폭을 넓힌 셈이야.

어떤 산은 금속이나 돌뿐만 아니라 유리를 녹이기도 해. 아무 산이나 다 그런 건 아니고, 불산(플루오린화 수소산, HF)이 그래.

그런 성질을 이용한 유리 에칭도 있어.

불산은 약한 산이지만 피부에 닿으면, 몸속의 수분과 결합하여 뼛속까지 침투하는 성질이 있어. 그래서 피부에 불산이 묻으면 심한 경우 신체를 잘라야 할 정도로 매우 유독해. 이렇게 매우 위험하다 보니 불산을 사용하지 않는 방법들이 개발되고 있어. 하지만 여전히 유리 에칭 작품을 만드는 데는 기본적으로 불산이 쓰이고 있다고 해.

빈센트 반 고흐(1853~1890)의 「파이프를 문 남자」, 그 유명한 고흐도 에칭 작품을 만들었다.

유리를 불산에 담가 두면, 유리 표면이 산에 녹으면서 뿌옇게 흐려진다.

에칭 기법을 사용하면 유리에 그림이나 글자를 새길 수 있다.

예술로 만나는 산과 염기

뒤집어 보는 금속 건축물

금속을 녹이는 산은 예술 작품을 만드는 데 쓰이기도 하지만, 아주 골치 아픈 문제를 일으키기도 해. 대리석이나 석회암으로 된 조각상을 녹이듯, 금속을 녹여 건축물을 못 쓰게 만들곤 하거든. 대표적인 예가 미국의 상징인 자유의 여신상이야.

자유의 여신상은 겉으로 보면 구리로 만들어진 동상인데, 사실 내부에 계단과 엘리베이터가 설치되어 꼭대기의 전망대까지 올라갈 수 있는 건축물이기도 해.

300개의 구리판을 연결하여 조립식으로 제작되었어. 워낙 커서 한 번에 이동하는 건 불가능했거든. 구리판 조각들을 연결하기 위해 철로 된 구조물을 내부에 보강해 넣었는데, 시간이 지나면서 방수가 잘 되지 않아 스며든 빗

자유의 여신상은 1886년, 미국 독립 100주년을 기념해 프랑스에서 제작하여 기증한 작품이다.

구리로 만든 조각상인데 왜 푸른색이지?

지금 자유의 여신상은 푸른빛을 띠고 있지만, 원래는 구리의 붉은색에 가까웠다. 왜 색이 변한 것일까?

구리는 공기 중에서 수분과 이산화탄소를 흡수하여 녹청색을 띤 염기성의 탄산 구리로 변한다. 구리로 만든 오래된 문화재는 푸른빛을 띠는데, 다행히 구리는 표면에 이런 화학 반응이 일어나도, 그 변화가 내부에는 영향을 미치지 않고 오히려 보호막이 생기는 효과가 있다. 탄산 구리는 조직이 치밀하여 구리로 만든 조각상의 표면을 보호해 준다. 그래서 구리로 만든 조각상들은 오랜 시간이 지나도 색깔의 변화만 있을 뿐 원래의 모습이 잘 보존된다. 하지만 산성비가 심해지면 이런 보호막마저 손상을 입게 된다. 염기성을 띠는 탄산 구리는 산에 약하기 때문이다. 탄산 구리로 된 얇은 보호막이 녹아내리고 나면, 내부의 구리까지 부식이 진행된다.

현재 자유의 여신상은 탄산 구리 말고도 황산 구리, 산화 구리 등 다양한 물질로 덮여 얼룩진 상태이다.

1900년에 촬영한 자유의 여신상 모습. 붉은색에 가깝다.

천연 구리 조각

물에 철이 녹슬면서 구조물을 연결한 나사못이 헐거워졌어. 구리로 된 겉면도 산성비에 금이 가며 훼손되었고. 결국 미국과 프랑스는 1986년, 자유의 여신상 기증 100주년 기념 행사를 앞두고 대대적인 보수 공사를 했어.

금속이 녹스는 건 공기 중의 산소와 반응해서 생기는 어쩔 수 없는 일이야. 하지만 금속을 녹이는 산은 금속으로 된 건축물을 더 위험하게 만들어. 건축물의 특성상 야외에서 산성비를 다 맞고 있어야 하잖아.

그래서 사람들은 녹이 잘 슬지 않으며 산에 강한 금속을 만들기 위해 노력했어. 이런 노력으로 만들어진 것이 부엌의 싱크대나 칼, 냄비 같은 조리 기구에서 손목시계까지 널리 쓰이는 금속 스테인리스야. 스테인리스의 정식 명칭은 스테인리스 스틸로, 녹이 잘 생기지 않는 철이란 뜻이야.

스테인리스 스틸로 만든 야외 조각상이나 건축물도 많아. 실용적이면서 금속의 광택이 가진 아름다움도 살릴 수 있어 일석이조의 효과를 볼 수 있어. 또 스테인리스 스틸은 산성비에도 강해. 산성비에는 공기 중의 대기 오염 물질 때문에 생긴 황산이나 질산 성분이 주로 포함되어 있는데, 스테인리스 스틸은 이런 산에 잘 견디는 편이기 때문이야.

그렇다고 스테인리스 스틸이 모든 산성 물질을 다 견뎌내는 건 아니야. 제 아무리 스테인리스 스틸이라도 염산 앞에서만큼은 맥을 못 춰. 그런데 오히려 스테

스테인리스 스틸은 크롬과 철의 합금으로 만들어진다.

리움 미술관은 부식 스테인리스 스틸을 활용한 건축물의 한 예이다.

인리스가 부식되는 점을 이용해 만든 건축물이 있어. 부식 스테인리스 스틸의 독특한 색감과 질감이 아주 멋지거든. 한번 볼래?

2004년, 서울 한남동에 문을 연 리움 미술관은 세계 최초로 부식 스테인리스 스틸을 이용해 만들어졌어. 스테인리스 스틸이 부식하는 것을 새롭게 해석해서 전혀 새로운 느낌의 건축물을 탄생시킨 거야. 이쯤 되면 건축물 자체가 하나의 예술 작품이라고 해도 되겠지?

오늘날에는 이런 부식 스테인리스 스틸을 이용해 주택을 짓기도 한다니, 예술과 과학의 만남이 앞으로 또 어떤 새로운 작품을 탄생시킬지 기대해 봐도 좋을 것 같아.

생각이 크는 숲

산과 염기를 이용한 예술 작품 복원

「천지창조」의 복원 전(왼쪽)과 복원 후(오른쪽)를 비교한 합성 사진이다.
복원 전에 갈라지고 조각난 벽화의 표면층이 복원 후에 매끄럽게 정리된 것을 볼 수 있다.

「천지창조」같이 거대한 천장화를 복원하는 작업은 쉽지 않았다. 두껍게 쌓인 먼지를 어렵사리 닦아 내도 더 큰 문제가 남았다. 벽의 표면에 물감이 칠해진 부분이 얇게 들뜨면서 작은 조각으로 떨어져 나갔던 것이다.

워낙 미세한 변화가 계속 일어나는 부분이라 이런 부분은 아주 조심스럽게 복원 작업을 해야 한다. 이때 복원에 사용하는 물질이 바로 나노 크기 정도로 아주 작은 수산화 칼슘 분말이다.

수산화 칼슘은 염기성이어서 석회 벽을 복원하기에 아주 안성맞춤인 재료이다. 원래 수산화 칼슘 결정은 입자가 커서 미세하게 갈라진 벽화의 틈

에 깊숙이 침투할 수 없지만, 아주 작은 나노 크기의 입자는 틈새를 효과적으로 메워 준다. 알코올에 녹인 수산화 칼슘을 틈새에 바르면 이것이 접착제 역할을 해서 들뜬 표면을 단단히 붙여 준다.

이렇듯 예술 작품을 복원할 때는 산과 염기가 이용된다. 그뿐만이 아니다. 때로는 우주 과학 기술까지 이용되기도 한다.

우주를 촬영한 위성 사진을 분석하기 위해 나사(NASA, 미항공우주국)에서는 자외선, 엑스선, 적외선 등 다양한 파장의 빛을 이용해 사진을 찍는 다중 분광 기술을 사용한다. 이렇게 찍은 사진은 같은 사물을 다양한 측면에서 살펴볼 수 있게 해 주는데, 예술 작품을 볼 때도 같은 기술을 사용할 수 있다.

자외선 촬영으로는 덧칠이나 수리 흔적, 각종 오염물을 찾아낼 수 있고, 엑스선이나 적외선 분석기를 활용하면 물감 층을 통과해 그림의 뒤쪽에 감춰진 스케치나 작업 과정에서 바뀐 그림의 형태를 볼 수 있다.

현미경으로 세밀한 부분까지 살펴보고, 다중 분광 기술을 이용해 작품의 원래 모습을 찾고, 나노 분말을 이용해 작은 조각으로 떨어진 틈새까지 메워 주는 복원의 모든 과정에서 과학 기술이 활용되고 있는 것이다.

이렇게 예술 작품을 제대로 복원하기 위해서는 과학이 꼭 필요하다.

자외선을 이용해 그림을 살펴보면 겉으로 잘 드러나지 않는 세월의 흔적을 찾아낼 수 있다.

 작은 아이디어가 세상을 바꿔요

친환경 세제

 사람들은 머리를 감고 양치를 하고 옷을 세탁하면서 많은 양의 합성 세제를 사용하고 있어. 합성 세제는 자연적으로 분해가 잘 되지 않고 거품이 많이 생겨. 이 거품은 물속으로 통과하는 빛과 공기를 가로 막아 물속 동식물이 살아가는 데 나쁜 영향을 미쳐. 게다가 다 씻겨 나가지 않고 피부나 옷감에 남아서 사람들의 건강까지 해치곤 해.
 수질 오염을 일으키고 건강을 위협하는 합성 세제 대신 산과 염기의 성질을 이용한 친환경 세제를 사용해 보면 어떨까?

식초로 만드는 천연 세제

우리가 흔히 사용하는 유리 세정제나 주방 세제도 합성 세제의 한 종류라는 거 아니?

합성 세제가 처음 만들어진 건 1차 세계 대전 때 비누의 원료인 천연 기름이 부족해 석탄에서 기름을 뽑는 방법이 개발되면서부터였어. 이후 석유로 값싸고 효과가 뛰어난 합성 세제가 대량으로 만들어지면서, 요즘은 우리 생활 곳곳에서 아주 흔히 쓰이고 있어.

그럼 합성 세제가 개발되기 이전에는 뭘 썼을까? 그때는 주로 천연 재료를 사용했어. 물의 오염원은 페놀과 합성 세제로 인한 가정 폐수가 70%를 차지한다고 해. 그러니 우리도 환경을 생각하는 마음으로 천연 재료를 이용해 친환경 세제를 만들어 볼까?

식초의 산성은 물때를 없애 주고 세균의 번식도 막아 줘. 친환경 세제 만들 때 더할 나위 없는 좋은 재료지. 오랫동안 주방의 기름때를 없애는 데 사용해 온 밀가루까지 있으면 근사하고 간단한 친환경 세제 만들기는 일도 아니야.

 작은 아이디어가 세상을 바꿔요

유리 세정제 만들기

식초와 물을 1:2의 비율로 섞어 분무기에 담아 못 쓰는 헝겊에 묻혀 사용한다. 폐신문지로 마무리해 주면 얼룩이 남지 않는다.

주방 세제 만들기

밀가루 100g과 식초 50g, 물 50g을 섞어 사용한다(2:1:1). 밀가루가 기름을 흡수해 주어 깔끔하게 닦을 수 있다.

식초는 살균 작용이 뛰어나서 싱크대나 냉장고 속처럼 세균이 번식하기 쉬운 곳을 닦는 데도 많이 쓰여. 녹슨 금속도 식초에 담가 두면 반짝반짝 광택이 나.

베이킹 소다의 재발견

베이킹 소다는 그 이름처럼 과자나 빵을 만드는 베이킹에 사용되는 게 보통이지만, 친환경 세제로도 제 몫을 톡톡히 해내고 있어. 베이킹 소다의 염기성은 세정력이 아주 뛰어나거든. 물에 잘 녹고 분해도 잘 되는데다 먹어도 되는 천연 물질이니 안심하고 쓸 수 있어. 주방이나 욕실 곳곳에서 쓰여.

주방에서

- 탄 냄비에 베이킹 소다를 한 줌 넣고 탄 부분까지 물을 부어 10분 정도 끓인 후 닦는다.
- 유리잔이나 밀폐 용기의 묵은 때는 베이킹 소다를 미지근한 물에 풀어 잠시 담가 둔다.
- 전자 레인지나 냉장고에 낀 때는 젖은 스펀지에 베이킹 소다를 묻혀 닦는다.

욕실에서

- 타일 사이의 가벼운 곰팡이는 물에 베이킹 소다를 걸쭉하게 만들어 바른 다음 칫솔이나 수세미로 문지르면 없어진다.
- 베이킹 소다를 푼 물에 샤워기 헤드를 1시간 이상 담가 두면 세균 번식을 막을 수 있다.

이번엔 베이킹 소다로 목욕할 때 쓰는 입욕제를 만드는 방법을 소개할게. 온천에 간 것 같은 효과를 느낄 수 있으니 한번 따라 해 봐.

작은 아이디어가 세상을 바꿔요

입욕제 만들기

1. 베이킹 소다를 종이컵으로 4컵 넣는다.

2. 전분(녹말가루)을 종이컵으로 2컵 넣는다. 전분은 입욕제를 동그랗게 뭉칠 수 있게 한다.

3. 구연산을 종이컵으로 1컵 넣는다. 피부는 약한 산성을 띠므로 피부와 비슷한 산도를 만들어 자극을 줄여 준다.

4. 깨끗이 닦아 갈아 놓은 레몬이나 오렌지 껍질, 녹차 가루를 종이컵으로 1/2~1/4컵 정도 넣는다.

5. 모든 재료를 잘 섞어 올리브 오일 1/2컵, 물 1/2컵을 조금씩 넣으면서 둥글게 뭉쳐 주고 단단하게 굳혀 사용한다.

과일 껍질 다시 보기

먹고 남은 음식물 쓰레기에서도 친환경 세제의 재료를 찾을 수 있어. 사실 버려지는 음식물 쓰레기의 양을 줄이는 것만으로도 지구를 살리는 데 도움이 되니까, 그야말로 일석이조야.

가장 대표적인 것이 과일 껍질이야. 깨끗하게 씻어 놓은 과일 껍질은 생활 곳곳에서 쓰일 수 있어.

귤이나 레몬, 사과나 포도 같은 산성의 과일 껍질은 생선 비린내를 없애는 데 제격이야. 생선 비린내는 염기성을 띠는 아민이나 암모니아 같은 물질 때문에 생기니까 말이야. 생선을 구울 때 과일 껍질을 깔고 생선을 구우면 비린내도 없애 주고 과일 껍질의 수분이 생선에 배어 촉촉한 구이를 먹을 수 있어. 굽는 동안 껍질이 말라서 버리기도 쉽고 음식물 쓰레기 양도 줄여 줘.

생선 비린내뿐만 아니라 비누 찌꺼기나 소변, 하얗게 낀 물때처럼 염기성을 띠는 때라면 무엇이든 산성의 과일 껍질로 효과를 볼 수 있단다. 중화 작용이 일어나면서, 문제를 일으키던 오염 물질이 씻겨 나갈 테니까 말이야.

작은 아이디어가 세상을 바꿔요

전기 주전자 바닥에 하얗게 낀 물때는 귤껍질 같은 걸 넣고 물을 끓이면 말끔히 없앨 수 있다.

 전기 주전자의 바닥에 하얗게 낀 물때는 석회질 성분이야. 문질러도 깨끗하게 닦이지 않는 걸 보면 찝찝해지지. 이럴 때 과일 껍질을 써 봐.

 물을 끓일 때, 귤껍질이나 레몬 껍질을 함께 넣고 끓이기만 해도 저절로 물때가 없어져. 석회질의 돌을 녹이는 산의 성질을 이용한 거야.

 레몬이나 귤, 오렌지 같은 과일에서 신맛을 내는 성분인 구연산(시트르산)은 세척력이 뛰어나서 장난감이나 리모컨, 책상 같은 여러 가지 생활용품을 닦는 데 쓰이곤 해. 이렇게 손에 많이 닿는 물건들은 세균이 번식하기 쉬운데, 산성의 레몬이나 귤껍질로 닦아 내면 세균의 번식을 막는 효과가 있거든. 게다가 구연산은 찌든 때까지 없애 주는 효과가 있어. 그래서 이런 과일의 껍질을 이용해 청소를 하면, 반짝반짝 윤이 나면서 청결한 환경을 만들 수 있어.

귤껍질이나 레몬 껍질은 표백제의 역할도 해. 누렇게 변한 흰 셔츠나 흰 양말과 같은 빨랫감을 귤이나 레몬 껍질을 함께 넣어 삶거나 껍질을 물에 끓인 후 그 물에 담가 두었다가 헹구면 천도 덜 상하면서 하얗게 표백이 되는 효과를 볼 수 있어.

어때? 지구를 살리는 친환경 세제 만들기, 어렵지 않지? 친환경 세제를 사용하면 지구 환경에도 큰 도움이 되지만, 합성 세제의 독한 성분 때문에 생길 수 있는 아토피나 피부 질환도 예방할 수 있다고 하니 조금 귀찮고 번거롭더라도 한번 시도해 보는 게 어떨까?

찾아보기

ㄱ
강산 38, 41
강염기 38
개미산 66, 67
고산병 85, 86
괴혈병 103~105
구리 44, 130, 131

ㄴ
나트론 23, 24
농후 발효유 100
니콜라 르블랑 26, 27

ㄷ
대장균 83
델피니딘 57
도둑 식초 18

ㄹ
리트머스 종이 40, 41
리트머스이끼 39

ㅁ
말산(사과산) 99
매염제 30, 31
뮤신 80, 88
미켈란젤로 121~125

ㅂ
발효 식품 99, 100
발효유 100
베이킹 소다 24, 25, 68, 101, 138, 139
보몬트 94, 95
불산 129, 130
비누 28, 29
비타민 C(아스코르브산) 103, 105, 106

ㅅ
산성비 44, 52, 53, 124~126, 131, 132
살리실산 65, 72
석회 53, 58, 63, 109~111, 121
소다 22~28, 34, 46, 47, 68, 69
쇠렌센 42
수산화 나트륨 27, 29, 45, 46, 107, 108, 113
수산화 이온 37, 38, 48, 57
수소 이온 37, 38, 41, 42, 48, 60, 61
스테인리스 스틸 132, 133
시멘트 109, 110
시트르산(구연산) 70, 99
식초 16~19, 34, 35, 37, 38, 43~45, 69, 98, 99, 137, 138
쓸개즙 81, 82

ㅇ

아레니우스 36, 37
아민 101, 141
아밀레이스 77
아세트산 43, 72, 100
아스피린 65, 72, 73
안토니우스 10~12
안토시아닌 59~61
알루미늄 이온 57, 58
알칼리 28, 47, 91
암모니아 101~103, 107, 113, 141
약산 38, 41
약염기 38, 41
양배추 지시약 114, 115
양잿물 28~31, 35, 37, 38
에칭 126~130
요소 101
위궤양 80, 88, 89
위산 82, 89
유산균 99, 100
이온 음료 47
이자액 81, 82

ㅈ

자유의 여신상 130, 131
젖산 85, 99, 100
제산제 89
제임스 린드 104, 105
중화 반응 48, 49, 51, 89, 121
지시약 39~41, 49, 70
쪽물 30, 31

ㅊ

천연 염색 30, 31
천지창조 120~123, 134
청금석 122
친환경 세제 136~143

ㅋ

카를 네슬러 107, 108
카페인 102
칼륨 이온 47, 60
콜라겐 105
클레오파트라 10~16

ㅌ

타타르산(포도산) 99
탄산 19, 34, 85
탄산 구리 131
탄산 나트륨 24~26, 47
탄산 음료 19, 20, 22, 78
탄산 칼슘 12, 15, 44, 79, 112, 125
탄산수 21, 22
탄산수소 나트륨 25

ㅍ

파마 46, 106~109
페놀프탈레인 용액 40, 41, 70
프레스코 120~123
프리스틀리 19~22
피어몬트수 21

ㅎ

한니발 13~16
항산화제 61, 106
활성 산소 106
황사 116, 117
황산 알루미늄 58

A~Z

BTB 용액 40, 41, 49
pH 42
pH 종이 39

| 사진 자료 출처 |

10면 위키(Sailko)

11면 The Athenaeum

14면 위키(Jastrow)

23면 나사

40면 위키(kanesskong)

42면 위키

44면 위키

50면 위키(kanesskong)

64면 국립중앙박물관

80면 우리들 농원

86면 everestnews.com

101면 제주민속자연사박물관

103면 위키(최광모)

114, 115면 성혜숙

116면 한국학중앙연구원

117면 나사, 연합포토

122면 위키

128면 Geoffrey Lasko

이외 셔터스톡

이 책의 사진들은 해당 저작권자의 허락을 얻어 실었습니다. 자료의 출처를 찾기 위해 최선을 다했으나, 혹 잘못된 내용이 있다면 연락 주십시오. 다음 쇄를 찍을 때 수정하겠습니다.

산과 염기를 찾아요

초판 1쇄 발행 2016년 9월 15일 **초판 7쇄 발행** 2024년 12월 30일

글 전화영, 성혜숙 **그림** 정보환 **기획** 콘텐츠뱅크
펴낸이 최순영

교양 학습 팀장 김솔미 **편집** 김민정
키즈 디자인 팀장 이수현 **디자인** 정보환

펴낸곳 ㈜위즈덤하우스 **출판등록** 2000년 5월 23일 제13-1071호
주소 서울특별시 마포구 양화로 19 합정오피스빌딩 17층
전화 02) 2179-5600
홈페이지 www.wisdomhouse.co.kr **전자우편** kids@wisdomhouse.co.kr

ⓒ전화영, 성혜숙, 콘텐츠뱅크 2016

978-89-6247-761-0 74400

* 이 책의 전부 또는 일부 내용을 재사용하려면 반드시 사전에 저작권자와 ㈜위즈덤하우스의 동의를 받아야 합니다.
* 인쇄·제작 및 유통상의 파본 도서는 구입하신 서점에서 바꿔드립니다.
* 책값은 뒤표지에 있습니다.

· 제조국 : 대한민국 · 사용연령 : 8세 이상
· 이 제품이 공통안전기준에 적합하였음을 의미합니다.